DIE »TIRPITZ« MUSS UNTER WASSER

Die Angriffe auf das

größte deutsche Schlachtschiff

1940-1944

GERVIS FRÈRE-COOK

Die *Tirpitz* muß unter Wasser

MOTORBUCH VERLAG STUTTGART

Die Umschlagzeichnung von Carlo Demand zeigt die *Tirpitz* an ihrem Liegeplatz in einem Seitenarm des Drontheim-Fjordes

Einband und Umschlagkonzeption: Siegfried Horn

Die englische Ausgabe ist erschienen bei Ian Allan Ltd., London, unter dem Titel »The Attacks on the Tirpitz«

Die Übertragung ins Deutsche besorgte
Siegfried Wehrtmann

ISBN 3-87943-496-4

2. Auflage 1984

Satz und Druck: HENKELdruck, Grafischer Betrieb, 7000 Stuttgart 40.
Bindung: Großbuchbinderei Franz Spiegel, 7900 Ulm.
Printed in Germany.

Inhaltsverzeichnis

Vorwort

Das Schicksal der *Tirpitz* ist eines der seltsamsten der Seekriegsgeschichte. Obwohl stärkstes Kriegsschiff seiner Zeit, war das deutsche Oberkommando entschlossen, es nicht im Gefecht aufs Spiel zu setzen. Während ihrer vierjährigen Existenz feuerten die Geschütze der *Tirpitz* niemals – außer zur Selbstverteidigung. Trotzdem beeinflußte sie das britische Denken bei der Marinestrategie maßgeblich. Die Admiralität befürchtete ihren Ausbruch in den Atlantik zum Kreuzerkrieg gegen die Seeverbindungen und machte sie zum Ziel von nicht weniger als 22 Angriffen.

Genauso wie die Deutschen Kampfhandlungen auf See vermieden, verhielten sich auch die Briten. Es sei denn, sie waren in erdrückender Übermacht. Die Versenkung von HMS *Hood* – dem Stolz der Royal Navy – im Kampf gegen die *Bismarck* beeinflußte wahrscheinlich die Auffassung der Marineführung. Trotz eines Rüffels von Churchill bezeichneten britische Dienststellen irrigerweise aber das Schiff nach wie vor als *Admiral von Tirpitz*, ein Zeichen dafür, welch ein Schreckgespenst es in den Alpträumen der Admiralität darstellte. Sicherlich realistischer wäre eine Einschätzung wie die des Führers der 10. U-Bootflottille in Malta, Captain Simpson, gewesen, der 1942 einen Gefechtsbericht über einen mißglückten Angriff auf zwei italienische Schlachtschiffe mit der Bemerkung vorlegte: »aber dabei ist zu bedenken, daß diese

Schlachtschiffe noch nie Schaden angerichtet haben.«
Während der Bearbeitung dieses Buches war ich in der glücklichen Lage, viele inzwischen freigegebene Operationsberichte zu Rate zu ziehen. Ich schulde den unbekannten Verfassern dieser ausgezeichneten Berichte aufrichtigen Dank. Ich habe ferner zu danken den Stäben der »Naval Historical Branch«, der »Air Historical Branch« und dem »Public Records Office« für weitere Informationen sowie dem »Illustration Research Service«, dem »Imperial War Museum« und der »Photographic Section«, HMS *Dolphin*, für Bildmaterial und Skizzen. Mein Dank gilt auch dem Leiter des königlichen »Stationary Office«, Cassell & Co., Ltd und der Houghton Mifflin Co. für die Genehmigung zum Abdruck von Copyrightmaterial. Schließlich habe ich meiner Frau für ihr Verständnis und ihre Geduld zu danken für die vielen Abende, an denen ich mich mit Feder und Schreibmaschine in Klausur begab.

Kapitel 1: Erste Angriffe

Am 1. April 1939 lief auf der Marinewerft in Wilhelmshaven das Schlachtschiff *Tirpitz* vom Stapel, das größte Kriegsschiff, das je in der westlichen Welt zum Kriegseinsatz kam.* Knapp zwei Jahre später stellte die Kriegsmarine das Schiff in Dienst. In den vier Jahren seines Lebens sollte es die Marinestrategie des zweiten Weltkrieges entscheidender als irgendein anderes Schiff beeinflussen. Doch nur ein einziges Mal setzte *Tirpitz* ihre schweren Geschütze offensiv ein, nämlich um den ungeschützten Hafen von Spitzbergen zu beschießen. Schließlich sollte sie unter den Bomben der Royal Air Force kentern und sinken. Nach dem Versailler Frieden war Deutschland auf den Besitz von nicht mehr als sechs Linienschiffen von je 10 000 Tonnen Wasserverdrängung beschränkt. Doch nachdem Hitler mit der Wahl zum Reichskanzler 1933 an die Macht gekommen war, wurden die ersten beiden Schlachtkreuzer *Scharnhorst* und *Gneisenau* auf Kiel gelegt. 1935, zwei Jahre später, unterzeichneten die Regierungen das deutsch-englische Flottenabkommen. Es legte die deutsche Stärke wunschgemäß auf bis zu einem Drittel der britischen Überwasser- und bis zu 60 Prozent (unter besonderen Bedingungen auch 100 Prozent) der britischen U-

* *Tirpitz* verdrängte 43 000 Tonnen, etwas weniger als die spätere US-*Missouri*-Klasse. Sie alle wurden jedoch übertroffen von den beiden japanischen Riesenschiffen *Yamamoto* und *Musashi* von 72 000 Tonnen.

Boot-Tonnage fest. Während die Unterzeichner des Washingtoner Flottenabkommens und der Londoner Konferenz sich auf eine maximale Wasserverdrängung für Schlachtschiffe von 35 000 Tonnen einigten, galten diese Beschränkungen nicht für Deutschland, das zu keiner der beiden Konferenzen als Teilnehmer geladen worden war. Und im Oktober 1936 wurde die *Tirpitz*, das Schwesterschiff der *Bismarck* und zweite große deutsche Schlachtschiff, auf Kiel gelegt. Hitlers politischer Fahrplan zog Krieg mit England nicht vor 1944 bis 1945 in Betracht. Auf dieser Grundlage entwarf Admiral Raeder, der Oberbefehlshaber der Kriegsmarine, den Plan »Z«. Er umfaßte *Scharnhorst* und *Gneisenau*, je 26 000 Tonnen mit neun 28-cm-Geschützen, *Bismarck* und *Tirpitz*, je 45 000 Tonnen und mit acht 38 cm-Geschützen bestückt, zwei weitere Schlachtschiffe von etwa 65 000 Tonnen, außerdem zwei Flugzeugträger sowie Kreuzer, Panzerschiffe der Deutschland-Klasse und Zerstörer.
Die *Tirpitz* wurde tatsächlich am 25. Januar 1941 in Dienst gestellt, mußte dann aber noch weitere 12 Monate in den geschützten Gewässern der Ostsee mit Probefahrten und Ausbildung der Besatzung verbringen. Doch lange bevor sie als einsatzfähig anzusehen war, löste ihre Existenz bereits Überlegungen aus. Am 2. August 1940 sandte Winston Churchill in seiner Eigenschaft als Ministerpräsident dem »First Lord of Admiralty« und »First Sea Lord« einen seiner berühmten »Noch-heute-Briefe«. ». . . Unterrichten Sie mich bitte über die Erfolgsaussichten von Luftangriffen auf *Bismarck* und *Tirpitz*. Dies scheint mir im Augenblick einer der wichtigsten Schritte zu sein, die zu tun sind.«
Und zwei Tage später ließ er ein an den »Secretary of State for Air« und den »Chief of the Air Staff« gerichtetes Memorandum folgen.

»Die Gefahr feindseliger Haltung Japans macht es um so

dringlicher, die deutschen Großkampfschiffe außer Gefecht zu setzen. Wie ich erfahren habe, beabsichtigt die ›Air Force‹, sobald das Mondlicht ausreicht, schwere Angriffe auf diese Schiffe durchzuführen. *Scharnhorst* und *Gneisenau*, beide in Kiel im Schwimmdock, die *Bismarck* in Hamburg und die *Tirpitz* in Wilhelmshaven sind alle Ziele von größter Bedeutung. Selbst eine Verzögerung für *Bismarck* um wenige Monate würde das Kräfteverhältnis zur See wesentlich beeinflussen. Ich bitte um Stellungnahme.«

Die Royal Air Force (RAF) traf die Verpflichtung zum Versuch eines Ausschaltens der deutschen Großkampfschiffe nicht unvorbereitet. Bereits im Juli 1939, vor Ausbruch des Krieges also, hatte sie Plan »K« entwickelt. Er sah schon zu einem sehr frühen Zeitpunkt Angriffe auf deutsche Häfen vor, um die Schiffe entweder zu beschädigen oder sie zum Auslaufen zu zwingen und sie dann in der Deutschen Bucht durch die mächtige Royal Navy zu stellen. Zum Glück für die Bomberbesatzungen wurde Plan »K« aufgegeben, denn danach sollten »Handley-Page-Hampdens« des »Bomber Command« ohne vorherige Aufklärung Tagesangriffe auf Kiel und Wilhelmshaven fliegen. Falls sie dort keine Schiffsziele fänden, sollten die Maschinen die norddeutschen Küstengewässer in der Hoffnung absuchen, sie aufzustöbern. Die Möglichkeit des Eingreifens feindlicher Jäger oder Flak blieb dabei unberücksichtigt.

Immerhin wurde schon zu einem frühen Zeitpunkt zweimal versucht, eine Bedrohung durch die *Tirpitz* unwirksam zu machen. Die »Hampden« unternahmen in Wilhelmshaven einen erfolglosen Angriff mit panzerbrechenden 9000-kg-Bomben auf das Schlachtschiff. Dem folgte während der Ausrüstungsphase ein ergebnisloser Versuch, Magnetminen unter den Schiffskörper zu legen. Sowohl die Technik als auch die Technologie von Luftangriffen brauchten noch erhebliche

Entwicklung, um ein so gut geschütztes Schiff ernstlich beschädigen zu können.
So setzte die *Tirpitz* ihre Probefahrten und Ausbildung 1941 ungestört fort, und die Lage auf See entwickelte sich für die Briten ständig verzweifelter. Die U-Booterfolge gegen Geleitzüge stiegen, und die Japaner wurden in Fernost immer bedrohlicher. Die Versenkung der *Bismarck*, des Schwesterschiffes der *Tirpitz*, am 27. Mai 1941 entspannte damals offensichtlich zeitweilig die Lage für die Alliierten, denn Winston Churchill schrieb an Präsident Roosevelt: ». . . ihre Versenkung entspannt die Situation bei den Schlachtschiffen, denn wir hätten praktisch *King George V, Prince of Wales* und zwei *Nelsons* in Scapa Flow angebunden halten müssen . . . Nun sieht die Sache anders aus. Die Auswirkungen auf die Japaner werden höchst vorteilhaft sein und ihre Berechnungen nach meiner Ansicht über den Haufen werfen.
Der Widerstand jedoch, den die *Bismarck* geleistet hatte, vor allem aber die Versenkung der *Hood*, waren nicht ohne Wirkung auf die britische Marineplanung geblieben. Ende August erläuterte der Erste Seelord in einem Memorandum an den Premierminister seinen Standpunkt zur vorgeschlagenen »endgültigen Kräfteverteilung«:

»Home Fleet (Heimatflotte) und Kampfgruppe H

1. Der Atlantik ist das lebenswichtige Gebiet, da wir nur auf diesem Ozean den Seekrieg gewinnen können.
2. Solange *Tirpitz* existiert, müssen zwei Schiffe der *King George V*-Klasse zur Verfügung stehen, um gemeinsam zu operieren.
4. Um jederzeit zwei *King George V* einsetzen zu können, müssen drei von dieser Klasse in den Heimatgewässern verbleiben, falls eins durch Torpedo-, Bomben- oder Minenschäden ausfällt oder in Instandsetzung ist.

6. Gelingt *Tirpitz* der Ausbruch, so kann sie unseren Handelsverkehr in einem solchen Ausmaß lähmen, daß sie zum frühestmöglichen Zeitpunkt zum Kampf gestellt werden muß. Wir können es uns nicht leisten, ein Schiff der *King George V*-Klasse aus dem Operationsgebiet abzuziehen.«
Churchill antwortete darauf am nächsten Tage:
». . . 3. Das Gewicht der in meiner Notiz vorgeschlagenen Maßnahmen wird durch die ungewöhnlichen eigenen Sorgen der Admiralität im Hinblick auf die *Tirpitz* noch unterstrichen. Genau was *Tirpitz* für uns ist, wäre ein *King George V* im Indischen Ozean für die japanische Marine, nämlich die Ursache ständiger, unbestimmter Befürchtungen und allseitiger, gleichzeitiger Bedrohung. Plötzliches Auftauchen und Verschwinden des Schiffes löst auf der Gegenseite sofortige Reaktionen und Unruhe aus.
. . . 4. Die Tatsache, daß die Admiralität drei *King George V* für notwendig hält, um *Tirpitz* zu binden, wirft ein schlechtes Licht auf die Konstruktion unserer modernsten Schiffe. Unterarmiert und durch Flugzeugschuppen in der Mitte ihrer Zitadelle geschwächt, werden sie offenbar für ungeeignet gehalten, einzeln das Gefecht mit ihrem Gegenspieler aufzunehmen. Aber selbst wenn ich das berücksichtige, bin ich trotzdem nicht überzeugt, daß der Vorschlag, drei KGVs im Atlantik zurückzuhalten, stichhaltig ist und zwar im Hinblick auf a. die amerikanische Kräfteverteilung, auf die wir nunmehr zählen können und b. die bewiesene Kampfkraft von Flugzeugträgern, ein Schiff wie *Tirpitz* in der Fahrt herabzusetzen, sollte es ausgebrochen sein. Außerdem ist ein Abzug der *Tirpitz* aus der Ostsee unwahrscheinlich, solange die russische Flotte existiert. Die Deutschen haben zudem mit Sicherheit noch das Schicksal der *Bismarck* und aller ihrer Versorger vor Augen. Sie wären doch töricht, wenn sie *Tirpitz* hinausschicken würden statt dort zu belassen, wo sie die

drei stärksten und modernsten Schlachtschiffe, die wir besitzen, bindet und gleichzeitig die Ostsee beherrscht. . . .«
Admiral Raeder war sich völlig im klaren über die strategische Wirkung einer »Fleet in being« und hatte die Konzentration deutscher Flottenstreitkräfte in Nordnorwegen empfohlen. Hitler stimmte dem nicht aus strategischen Gründen, sondern aus Scharfblick zu. Im Dezember 1941 redete er sich aufgrund von Meldungen des Nachrichtendienstes selbst ein, daß die Briten eine Invasion in Nordnorwegen planten, und erklärte:
»Das Schicksal dieses Krieges wird in Norwegen entschieden«.
Wie falsch Hitlers Überlegungen auch waren – und es kann kaum noch unwahrscheinlichere britische Absichten gegeben haben als einen Angriff durch Norwegen hindurch –, so wurden die deutschen Überwasserstreitkräfte dadurch doch auf das Vorteilhafteste in einem Gebiet zusammengezogen, aus dem heraus sie nicht nur nach Belieben ausbrechen konnten, sondern wo sie auch eine ständige Bedrohung für die Eismeergeleitzüge bedeuteten, die August 1941 mit der Verschiffung von Hilfsgütern nach Rußland begonnen hatten.

BOMBER COMMAND, 28. bis 29. JANUAR 1942

Im Januar 1942 verließ *Tirpitz* die Ostsee und passierte den Nordostseekanal. Am 22. erfuhren die Engländer von ihrer Anwesenheit in Drontheim. Churchill verlor keine Zeit und schrieb über General Ismay an das »Chiefs of Staff Committee«.
»1. Seit nunmehr drei Tagen ist die Anwesenheit von *Tirpitz* in Drontheim bekannt. Die Zerstörung oder auch nur ernsthafte Beschädigung dieses Schiffes wäre gegenwärtig der größte Erfolg der Seekriegführung, kein anderes Ziel ist ihm

vergleichbar. *Tirpitz* kann dort über keinen mit Brest oder den deutschen Heimathäfen vergleichbaren Flakschutz verfügen. Auch wenn nur beschädigt, wäre eine Rückverlegung nach Deutschland schwierig. Ohne Zweifel ist es besser, für Nachtangriffe auf günstige Mondverhältnisse zu warten, doch sind die Erfolgsaussichten von Nachteinsätzen nicht mit denen von Tagesangriffen vergleichbar. Die gesamte Seelage in der Welt würde sich ändern und uns die Seeherrschaft im Pazifik wieder gewinnen lassen.

2. Mangelnde Zusammenarbeit zwischen dem »Bomber Command«, den Marinefliegern und im Flugzeugnachschub darf es nicht geben. Angriffe sowohl trägergestützter Torpedoflugzeuge als auch schwerer Bomber bei Tage oder in der Dämmerung sollten eingeplant werden. Die gesamte Kriegsstrategie richtet sich zur Zeit gegen dieses Schiff, das die vierfache Zahl britischer Großkampfschiffe lahmlegt, ganz abgesehen von zwei neuen amerikanischen Schlachtschiffen, die im Atlantik festgehalten werden. Die Angelegenheit ist für mich von höchster Dringlichkeit und Bedeutung. Ich werde morgen im Kabinett darauf eingehen; das ›Defence Committee‹ muß die Angelegenheit Dienstagabend im Detail behandeln.«

In der Nacht vom 28. zum 29. Januar flog die RAF ihren ersten Angriff auf die *Tirpitz* seit ihrer Indienststellung. Neun »Halifax« und sieben »Stirling« des »Bomber Command« starteten von Lossiemouth gegen die *Tirpitz* in Drontheim. Geschlossene Wolkendecke und schwere Vereisung machten es ihnen aber unmöglich, das Ziel zu finden. Sie kehrten, ohne ihre Bomben abgeworfen zu haben, zur Basis zurück. Offensichtlich war das Problem schwieriger als der Premierminister angenommen hatte.

Am 22. Juni 1941 war Deutschland in Rußland eingefallen. Zwei Monate später, am 21. August, verließ der erste Eismeergeleitzug* unter dem Decknamen *Dervish* Hvalfjord (Island) in Richtung Archangelsk. Einen Monat danach lief das zweite Geleit »PQ 1«, zwischen denselben Häfen, und bis zum 12. März 1942 hatten weitere 10 Konvois Murmansk oder Archangelsk erreicht. Die Deutschen hatten im Herbst sehr wenig gegen diese Konvois unternommen, und im Winter verhinderten die Wetterbedingungen jede ernstliche Störung.

In Island zusammengestellt, hatten die Geleite eine Seereise von etwa 2000 Seemeilen durch die Grönland- und Barentssee vor sich, an Steuerbord die norwegische Küste und an Backbord den arktischen Packeisrand. Im Bereich ständiger Stürme, wo der Winterwind das Eis mitreißt, fror das Spritzwasser in der Takelage und auf den oberen Decks der Schiffe, wenn sie in die stürmische See eintauchten und rollten. Gelegentlich herrschte Windstille, doch sie brachte meist arktischen Nebel. Von November bis Februar blieb die Sonne unter dem Horizont. Waren die Bedingungen für Handelsschiffe und ihren Geleitschutz schon schlecht, noch übler waren sie für die U-Boote. In einer See stampfend, die ihre Sehrohrhöhe weit überragte, unfähig zu tauchen (ein U-Boot muß beim Tauchen quer zur See laufen und liegt während des Tauchens scheußlich labil) und außerstande, Sehrohrtiefe zu halten, waren WO (Wachoffizier) und Ausguck von den ständig überkommenden, eiskalten Brechern durchnäßt. Ihre Chance, ein Geleit auch nur zu entdecken – geschweige denn

* Geleitzug oder Konvoi: Eine Zusammenfassung von Handelsschiffen zu gemeinsamer Reise unter dem Schutz von Kriegsschiffen und Flugzeugen (Geleit).
Kurzbezeichnung *PQ:* Geleitzug *To Polar Sea,* von England oder den USA nach Murmansk/Archangelsk. Gegengeleitzug: *QP.*

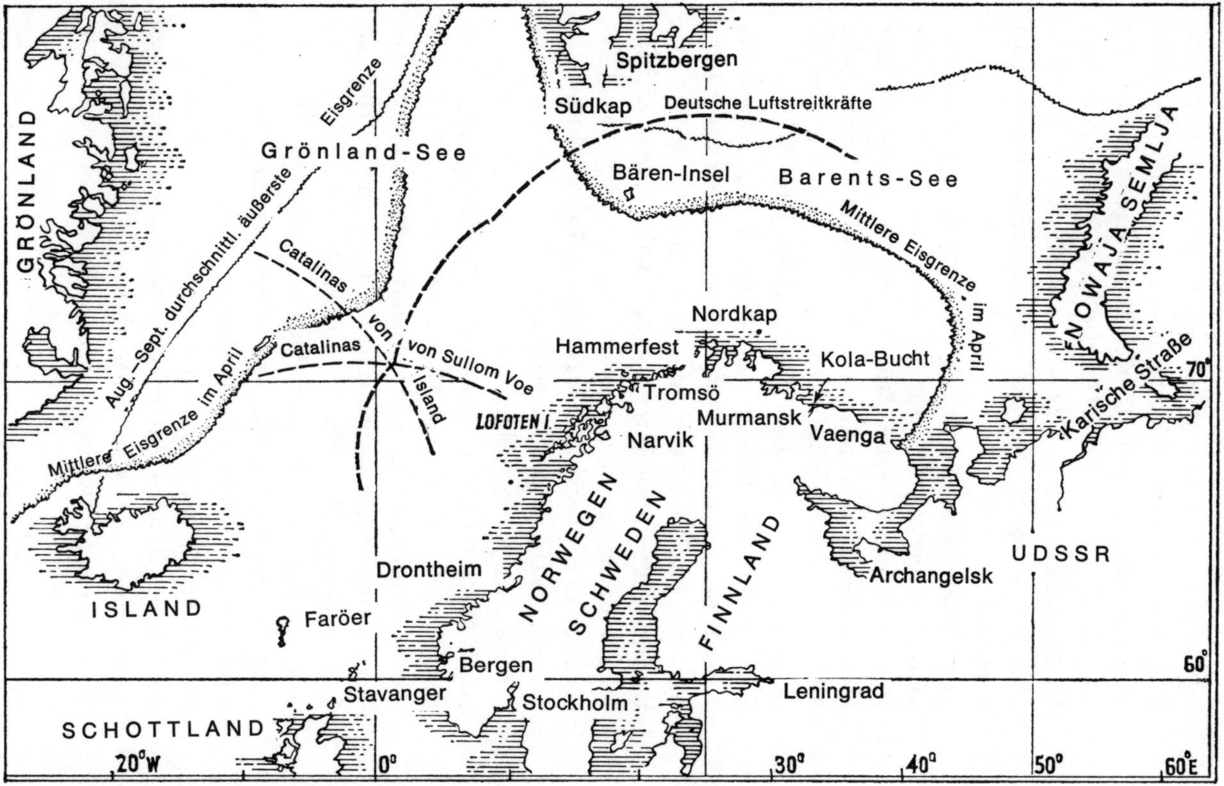

Operationsgebiet der Geleite nach Nordrußland.

anzugreifen – war sehr gering. Unter diesen Wetterbedingungen waren Luftaufklärung und Luftangriffe gleichfalls ausgeschlossen. Von den 105 nach Rußland auslaufenden und den 101 rückkehrenden Handelsschiffen gingen nur zwei Handelsschiffe und ein Zerstörer, HMS *Matabele*, Mitte März 1942 verloren. Doch mit Frühlingsbeginn sollte sich die Lage ändern.

Am 1. März lief der Konvoi »PQ 12« von Reykjavik aus und sammelte seine enge Sicherung, während Vice-Admiral Curteis auf Schlachtkreuzer *Renown* mit dem Schlachtschiff *Duke of York*, Kreuzer *Kenya* und 6 Zerstörern das Gros der Nahdeckung bildete. Der »Commander-in-Chief« (Oberbefehlshaber) »Home Fleet«, Admiral Sir John Tovey, auf Schlachtschiff *King George V* mit Flugzeugträger *Victorious*, Kreuzer *Berwick* und 6 weiteren Zerstörern liefen von Scapa Flow aus, um sich mit den von Vice-Admiral Curteis geführten Streitkräften am 6. März etwa 200 Meilen ostwärts der Insel Jan Mayen zu treffen. Gleichzeitig mit »PQ 12« von Island verließ der rücklaufende Geleitzug »QP 8« Murmansk. Sie sollten sich südwestlich der Bäreninsel passieren. Und so geschah es auch am 7. März mittags bei einer Meile Sicht.

Am 5. März meldete ein deutscher Luftaufklärer »PQ 12« in der Nähe von Jan Mayen. Am selben Abend erhielt *Tirpitz* den Auslaufbefehl. Das Schlachtschiff unter Kapitän zur See Topp, dem ersten Kommandanten, hatte seit der Ankunft im Januar untätig im Drontheimfjord gelegen und auf Eintreffen weiterer deutscher Seestreitkräfte gewartet. Drei Wochen zuvor hatten die Schlachtkreuzer *Scharnhorst* und *Gneisenau* zusammen mit Kreuzer *Prinz Eugen* ihren historischen Kanaldurchbruch von Brest aus unternommen, wo sie nach ihren vorhergehenden Atlantikunternehmungen Schutz gesucht hatten. Obwohl ihnen britische Flugzeug- und Schnellbootsangriffe nichts anhaben konnten, erhielten beide

Schlachtkreuzer Minentreffer und mußten in Deutschland reparieren (tatsächlich ist die *Gneisenau* nie wieder in See gegangen). *Prinz Eugen* und das Panzerschiff *Admiral Scheer* jedoch waren in der letzten Februarwoche nach Norden gelaufen, um sich der *Tirpitz* anzuschließen. Am Morgen des 23. Februar wurde *Prinz Eugen* vor Drontheim von dem britischen U-Boot *Trident* torpediert und so beschädigt, daß sie zwar den Zielhafen noch erreichte, aber später zum Docken nach Deutschland zurückkehren mußte.
Admiral Ciliax, der Führer des deutschen Verbandes während des Kanaldurchbruchs, traf auf *Tirpitz* ein, kurz bevor sie am 6. März zusammen mit den Zerstörern *Hermann Schoemann, Friedrich Ihn* und *Z 25* auslief. Das britische U-Boot *Seawolf*, zu weit entfernt für einen Angriff, sichtete das Schlachtschiff kurz nach Verlassen des Fjords und meldete es am 6. um 19.40 Uhr mit Kurs 045 Grad unter der Küste. Etwa zur gleichen Zeit traf Captain Denny, der dienstälteste Offizier der engen Sicherung des »PQ 12« auf *Kenya*, in 072 Grad Nord auf loses Packeis und war bis zum Morgen des 7. zur Kursänderung nach Südost, direkt auf das Nordkap zu, gezwungen. Das Wetter war schlecht und unbeständig. Ein Sturm hatte am 4. März das rücklaufende Geleit »QP 8« zerstreut – das russische Handelsschiff *Ijora* fand überhaupt keinen Anschluß mehr an den Rest des Konvois. In zeitweiligen Schneeschauern variierte die Sicht zwischen weniger als einer und mehr als 30 Meilen.
Am 7. mittags passierten sich die beiden Geleitzüge »PQ 12« und »QP 8« gegenseitig mit Nordost- und Südwestkurs. Um 08.00 Uhr, *Tirpitz* steuerte indessen etwa hundert Meilen südlich der Geleite Nordkurs und detachierte ihre 3 Zerstörer, um ostwärts auf Parallelkurs aufzuklären, forderte der britische »Commander in Chief«, nur 150 Meilen weiter westlich, von *Victorious* Luftaufklärung an. Nahezu mit Si-

cherheit wäre *Tirpitz* entdeckt worden, hätte nicht Vereisung jeglichen Flugbetrieb verboten.
Die Lage war für beide Admirale ungewöhnlich verwickelt, da keiner irgendwelche Informationen über den anderen hatte.* Admiral Ciliax wußte nicht einmal, daß die »Home Fleet« in unmittelbarer Nähe in See stand, obwohl er durchaus mit einer britischen Deckungsgruppe rechnete und sehr darauf bedacht sein mußte, nicht von einem überlegenen Verband zum Kampf gezwungen zu werden. Admiral Tovey hatte ganz andere Sorgen, nämlich ungesichert in feindlichen U-Bootgewässern zu stehen, während seine Zerstörer zur Beölung entlassen worden waren. Um 13.00 Uhr drehte die »Home Fleet« nach Südwesten ab, während *Tirpitz* mit den aufklärenden Zerstörern, Nord zu West steuernd, vor »QP 8« kreuzte, ohne ihn zu entdecken. Um 15.45 Uhr sichtete *Friedrich Ihn* den russischen Nachzügler *Ijora* im Norden und versenkte ihn eineinhalb Stunden später in 72.40 Nord, 10.30 Ost. Admiral Tovey empfing ein Notsignal von der *Ijora* mit verstümmelter Position und kurz danach die Funkpeilung einer wahrscheinlich feindlichen Überwassereinheit. Danach vermutete er *Tirpitz* achteraus von ihrem Zielobjekt »PQ 12«. Admiral Tovey schrieb: »Ich hielt es für

* Erst heute, nach fast 35 Jahren, beginnen sich die Schleier des Geheimnisses über Vorgänge auf britischer Seite zu lüften, die u. a. auch für die im Folgenden dargestellten Maßnahmen Admiral Tovey's ausschlaggebend waren.
Obgleich die geheimsten Akten der britischen Admiralität der Öffentlichkeit auch bei Drucklegung dieses Buches noch nicht zugänglich sind, ist in mehreren Publikationen der letzten Jahre über Erfolge der alliierten Funkbeobachtung und -entzifferung berichtet worden. Für den Verlauf der beiderseitigen Operationen im Zusammenhang mit dem deutschen Angriffsversuch auf den Konvoi *PQ 12* in der ersten Woche des März 1942 ist ein Aufsatz eines britischen Reserveoffiziers, der während des Krieges in der Admiralität Dienst getan hat, von besonderem Interesse.
Nach der mit Zustimmung des britischen Ministry of Defence aus der Erinnerung geschriebenen Darstellung des Lieutenant Commanders RNVR Beesly hat der Oberbefehlshaber der Home Fleet seine Entschlüsse z. T. auf Unterrichtungen und Hinweise seitens der Admiralität gestützt, nachdem ihr Erkenntnisse aus der Entzifferung des deutschen Funkverkehrs zugänglich waren, der in diesem Zeitraum, zumindest teilweise, von der britischen Funkbeobachtung mitgelesen werden konnte. Patrick Beesly: Das »Operational Intelligence Centre« der britischen Admiralität im Zweiten Weltkrieg, »Naval Review« 1975/76; deutsche Übersetzung von Jürgen Rohwer in »Marine-Rundschau« 1976, J. F. Lehmanns Verlag, München.

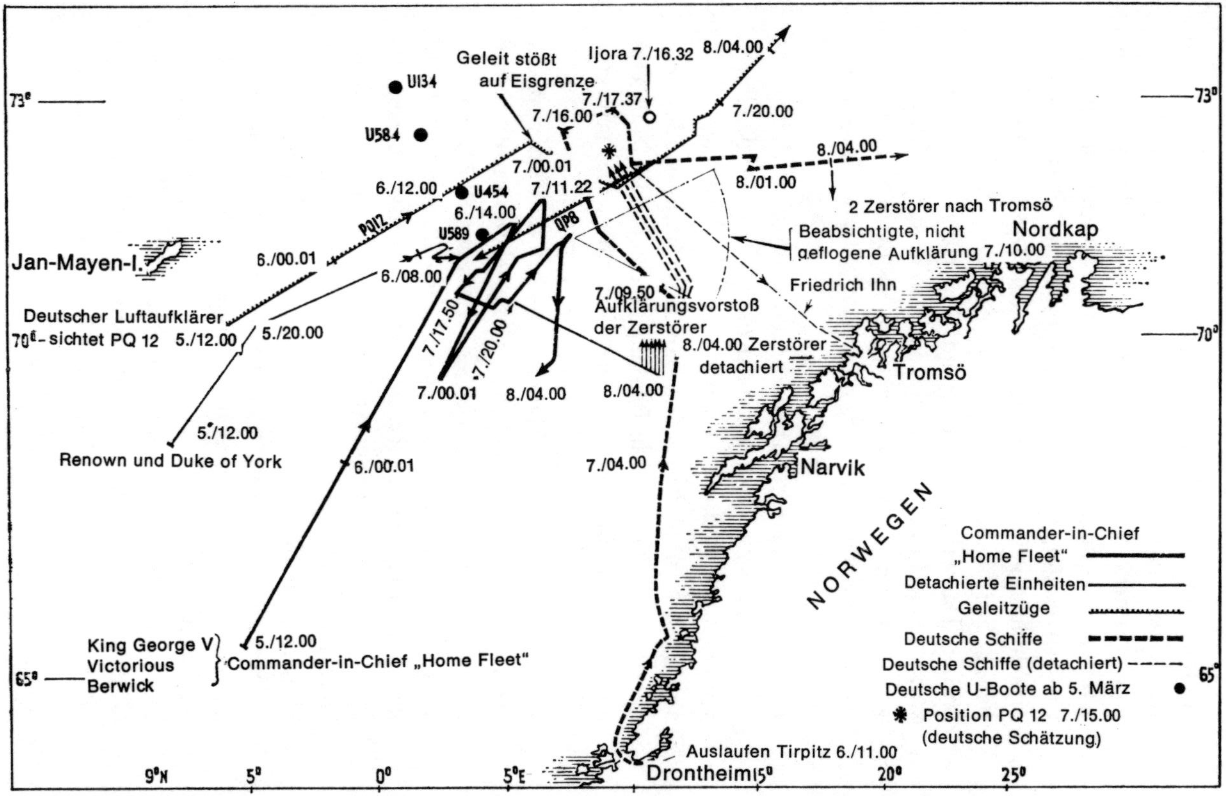

Geleitzüge PQ 12: QP 8. Unternehmungsphase I. 5. März 1942, 12.00 Uhr, bis 8. März 1942, 04.00 Uhr.

wahrscheinlich, daß, wenn dies die Peilung der *Tirpitz* sein sollte, die – und davon war ich überzeugt – in diesen Gewässern sehr nervös war, sie ihren Standort als erkannt betrachten und unverzüglich zum Einsatzhafen zurückkehren würde.« Tovey ging für eineinhalb Stunden auf Ostsüdostkurs, erhielt dann jedoch einen Hinweis, daß *Tirpitz* wahrscheinlich in See bleiben und ostwärts der Bäreninsel operieren würde. Daraufhin änderte er um 19.23 Uhr Kurs auf 040 Grad, um »PQ 12« zu folgen. Eine Stunde später detachierte er 6 Zerstörer mit dem Befehl, nach Südosten zu laufen und dann in nördlicher Richtung zu suchen. Sie taten das erfolglos bis 06.00 Uhr am 8. März.

Inzwischen sammelte Admiral Ciliax um 17.28 Uhr seine 3 Zerstörer nach Versenkung der *Ijora.* Da er auf den Packeisrand stieß, drehte er auf Südkurs und dann nach Osten auf der Suche nach dem Geleit. Vor Mitternacht wurde *Friedrich Ihn* nach Tromsö zur Beölung geschickt, um 04.00 Uhr des 8. folgten die beiden anderen Zerstörer. Das schlechte Wetter verhinderte eine Beölung von *Tirpitz*.

Bei Tagesanbruch am 8. März befand sich die *Tirpitz* alleine etwa 150 Seemeilen südlich der Bäreninsel und steuerte Nord auf der Suche nach »PQ 12«, der sich etwa 80 Meilen südwestlich der Bäreninsel befand und ebenfalls mit Kurs Nord lief. Das Geleit behielt ihn bis mittags bei, dann zwang das Packeis noch einmal zum Abdrehen nach Südost. Die *Home Fleet* stand 180 Meilen westlich der Lofoten und steuerte Südwest, parallel zum und 100 Meilen südlich des »QP 8«. Admiral Tovey beabsichtigte, nach Island zurückzukehren, da er ohne Zerstörer war und glaubte, die *Tirpitz* habe ihr Vorhaben aufgegeben.

Um 10.45 Uhr drehte *Tirpitz* auf einen Generalkurs von 255 Grad und zickzackte auf dem vermuteten Marschweg des »PQ 12«. Der Konvoi hatte Glück. Ohne die Anweisung,

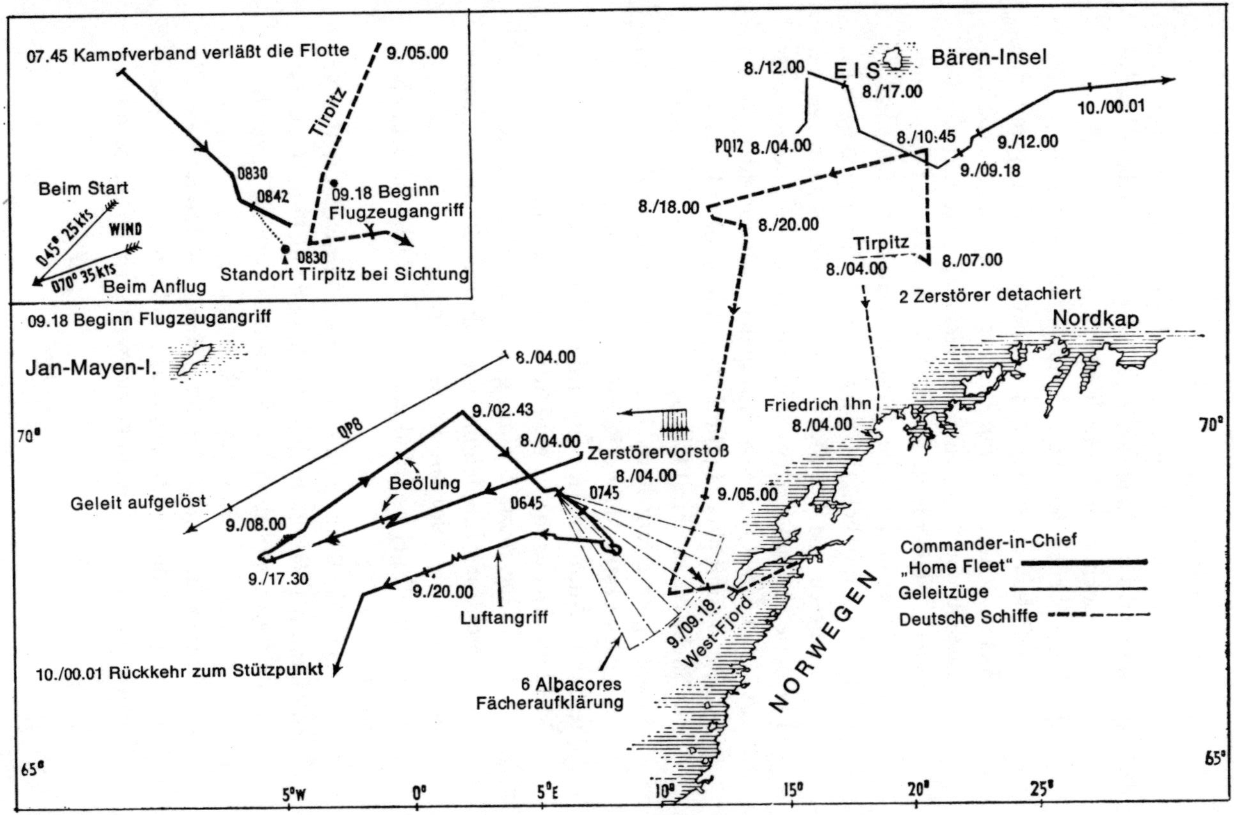

Geleitzüge PQ 12: QP 8. Unternehmungsphase II vom 8. März 04.00 Uhr, bis 10. März 1942 00.01 Uhr.

nördlich der Bäreninsel zu gehen, was Packeis verhinderte, wäre es fast unweigerlich im Laufe des 8. zur Feindberührung gekommen. Die Handelsschiffe liefen mit Nordkurs, selbst von einer suchenden *Focke-Wulf 200* unentdeckt, und standen bei Anbruch der Dunkelheit südlich der Bäreninsel und etwa 180 Meilen hinter *Tirpitz*. Admiral Tovey mit den Großkampfschiffen der *Home Fleet* befand sich ca. 400 Meilen westlich von Norwegen und ziemlich außerhalb der Gefahr von Luftangriffen. Am 8. März um 18.16 Uhr abends unterrichtete die deutsche »Gruppe Nord« Admiral Ciliax, es sei durchaus möglich, daß das Geleit vor drei Tagen nach Insichtkommen von Jan Mayen auf Gegenkurs gegangen sei. Für diese Meldung gab es wohl keinen Grund, denn weder »PQ 12« noch »QP 8« scheinen später noch gemeldet worden zu sein. Damit aber lag die Entscheidung über Fortsetzung der Suche bei Admiral Ciliax, und um 20.25 Uhr desselben Abends ging er auf Kurs 191 Grad, um seine Zerstörer in Höhe des Vestfjords vor Rückkehr zum Stützpunkt zu treffen. Vier Minuten nachdem Admiral Ciliax diese nutzlose Meldung erhalten hatte, ging Admiral Tovey mit seinem Verband auf Gegenkurs Richtung Bäreninsel. Er richtete sich damit nach einer Empfehlung der Admiralität, die die *Tirpitz* noch hoch im Norden in See vermutete. Das deutsche Schlachtschiff lief während der ganzen Nacht mit Kurs Süd weiter.

Am 9. um 02.40 Uhr ergab ein weiterer Hinweis von der Admiralität, daß *Tirpitz* nach Süden lief und nicht die Gewässer um die Bäreninsel absuchte. So änderte Admiral Tovey Kurs von Nordost auf 120 Grad in Richtung auf die Lofoten und erhöhte die Fahrt auf 26 Knoten. (Hätte die »Home Fleet« die ganze Nacht direkt Ost gesteuert, so hätte sie bei Tagesanbruch durchaus in Geschützreichweite der *Tirpitz* sein können.)

Am 9. März um 06.40 Uhr befahl der »Commander in Chief« der *Victorious*, mit 6 »Albacores« eine Fächeraufklärung zwischen 105 und 155 Grad bis zur Entfernung von 150 Seemeilen zu fliegen. 50 Minuten später folgte ihnen ein Angriffsverband von 12 mit Torpedos beladenen »Albacores« unter dem Befehl von Lieutenant Commander W. J. Lucas (RN). Der Wind, mit einer Stärke von 25 Knoten aus 045 Grad kommend, drehte dann auf 070 Grad und nahm zu auf 35 Knoten. Obwohl gute Sicht zwischen den Schneeschauern herrschte, war in 600 m Höhe 7/10 Bedeckung mit Vereisung bis zum Meeresspiegel hinunter. Die Angriffsgruppe hatte Befehl, auf Kurs 135 Grad über Grund zu gehen und auf eingehende Aufklärungsmeldungen zu handeln. Der »Commander in Chief« hatte sie mit folgendem Funkspruch verabschiedet:

»Eine tadellose Chance, höchst wertvolle Ergebnisse zu erzielen. Gott sei mit Ihnen!«

Um 08.02 Uhr sichtete die »Albacore Duty F« *Tirpitz* mit *Friedrich Ihn* und meldete sie dem Staffelkapitän des Angriffsverbandes, der sich in 150 m Höhe befand und Kurs auf 163 Grad änderte. Gegen 08.10 Uhr sichtete *Tirpitz* den Aufklärer und startete um 08.30 Uhr zwei »Arados« zur Sicherung gegen U-Boote und Luftangriffe. *Tirpitz* drehte daraufhin auf 082 Grad und erhöhte die Fahrt in Richtung Vestfjord auf 29 Knoten. Die Fühlung haltende »Albacore« meldete die Bewegung richtig weiter. Zwei Maschinen hatten eine harmlose Begegnung mit den »Arados«, aber eine dritte »Albacore« wurde angegriffen und der Navigator durch MG-Feuer verwundet. Dennoch kehrte das Flugzeug zur *Victorious* zurück. (Die deutsche Maschine wurde von der »Albacore« als »Ju 87«* identifiziert. Deutsche Berichte jedoch klagen über

* Wahrscheinlich handelte es sich um eine »Ju 88«.

mangelnden Jagdschutz der Luftwaffe von Bodö und Bardufoss aus. Daher war es wahrscheinlich eine »Arado« der *Tirpitz*.)
Um 08.42 sichtete Lieutenant Commander Lucas die *Tirpitz* in 140 Grad, 20 Meilen Abstand. Er änderte Kurs direkt auf das Schiff, und der Verband ging auf 1050 m Höhe, um sich vor den Feind zu setzen, nachdem die Maschine mit ihrem Bord-Radar das Ziel auf 16 Meilen aufgefaßt hatte. Die Höchstgeschwindigkeit der »Albacore« betrug jedoch 155 Knoten. Die *Tirpitz* lief mit 29 Knoten bei einem Gegenwind von 35 Knoten. Bestenfalls rechnete Lucas daher mit einer Überholgeschwindigkeit von 95 Knoten. Sie konnten also erst in einer halben Stunde Flugzeit in der günstigsten Angriffsposition stehen; eine halbe Stunde in Wolken unter Vereisungsbedingungen und darauf gefaßt, unter Umständen von in Nordnorwegen gestarteten Jägern gestellt zu werden. Tatsächlich betrug die Annäherungsrate nur 40 Knoten, da die »Albacores« sowohl schwer beladen waren als auch zu steigen versuchten. So befahl Lucas den Ketten selbstständiges Handeln.
Um 09.17 Uhr, als die »Albacores« direkt über der *Tirpitz* standen, klarte es plötzlich auf. Durch ein Wolkenloch machten sie im selben Augenblick ihr Ziel aus. *Tirpitz* eröffnete das Feuer nicht sofort und Lucas, in der fälschlichen Annahme, der Gegner hätte ihn noch nicht entdeckt, befahl den Anflug zum Sturz-Angriff. Die erste Kette flog an mit 1600 m Abstand backbord querab von *Tirpitz*, drehte dann nach rechts, um die Torpedos aus 1400 m aus einer Lage von 090 Grad auszuklinken und geriet dabei in das einsetzende schwere Flak-Sperrfeuer. Eine Minute später legte *Tirpitz* das Ruder hart backbord, als die zweite Kette ihre Torpedos aus 1800 m gegen das bereits drehende Ziel abwarf. Beide Fächer verfehlten ziemlich knapp ihr Ziel. Alle Torpedos waren auf 40 Kno-

ten Geschwindigkeit und eine Tiefe von 7,6 m mit Aufschlagzünder eingestellt. Die nächsten 2 Ketten griffen 4 Minuten später an. Sie kamen im großen Bogen von steuerbord und warfen ihre Torpedos in weniger gut zusammenliegenden Fächern. Inzwischen feuerten sowohl die schwere als auch die leichte Flak von *Tirpitz* aus allen Rohren und schossen von jeder Kette eine Maschine beim Anflug ab. Die »Albacores« hatten wieder einmal ihr Ziel verfehlt. Ziemlich ernüchtert, doch unbeschädigt, setzte *Tirpitz* mit voller Fahrt den Rückmarsch in den schützenden Vestfjord fort, während die enttäuschten Flieger zur *Victorious* heimkehrten.
Die von nur einem angreifenden Flugzeug vorliegenden Fotos zeigen, daß der Abstand beim Ausklinken der Torpedos das Doppelte der geschätzten Entfernung betrug. Deutsche Berichte jedoch erwähnen den Mut der britischen Flugzeugführer, aus Entfernungen zwischen nur 360 und 1100 m anzugreifen. Im Grunde genommen retteten Unerfahrenheit der Flieger und Mangel an Übung die *Tirpitz*. Lieut Cdr Lucas war gerade erst zur Staffel gekommen, nie vorher dort geflogen und hatte selbst nur sehr wenig Torpedopraxis seit 1937. Die Piloten konnten nur sehr selten die komplizierten Manöver eines gleichzeitigen Angriffs aus verschiedenen Richtungen im Verband üben. Auf alle Fälle veranlaßte der Angriff das deutsche Oberkommando nunmehr zu größerer Vorsicht, *Tirpitz* in See zu schicken. Vorübergehend gab das auch Anlaß zur Zersplitterung der Schiffbaukapazität in Deutschland in dem untauglichen Versuch, den Flugzeugträger *Graf Zeppelin* fertigzustellen.
Bitter enttäuscht, führte Admiral Tovey die »Home Fleet« nach England zurück, dabei beschattet von einer »BV 138«, die er mit den »Fireflies« der *Victorious* zu vertreiben suchte, bis am späten Nachmittag 3 »Ju 88« den Träger vergeblich mit Bomben angriffen. Admiral Ciliax blieb bis zum 13. März im

Vestfjord, dann mogelte er sich bei unsichtigem Wetter nach Drontheim, dabei auf Wartepositionen liegenden alliierten U-Booten ausweichend. »PQ 12« und »QP 8« erreichten zwar sicher ihren Bestimmungshafen, doch die Bedrohung der Südflanke des Geleitzugweges blieb.

BOMBER COMMAND, 31. MÄRZ BIS 29. APRIL 1942

Da es den Sicherungsstreitkräften des »PQ 12« nicht gelungen war, die *Tirpitz* zu beschädigen, die Bedrohung also unvermindert anhielt, setzten verstärkte Anstrengungen zur Versenkung des Schiffes ein. So flog das »Bomber Command« 3 Einsätze gegen das Schlachtschiff auf seinem Liegeplatz im Foettenfjord bei Drontheim. Den ersten Angriff führten am 31. März morgens 34 »Halifax«-Bomber durch. Das Schiff war ungewöhnlich schwierig anzugreifen. Es lag dicht längsseits des Ufers unter Tarnnetzen in einem schmalen Fjord mit beiderseits hohen Bergen. Bei Empfang einer Luftwarnmeldung lief ein sorgfältig ausgearbeitetes Vernebelungssystem an, das schnell jede Sicht in dem betreffenden Gebiet nahm. Diese Abwehrmaßnahmen und schlechtes Wetter ließen den Angriff fehlschlagen. Nur ein Flugzeug erkannte das Ziel und warf eine 1800- und fünf 230-kg-Bomben, die keinerlei Schaden anrichteten. Fünf Maschinen gingen verloren.

Am 28. April schlug das »Bomber Command« erneut zu. Von 43 gestarteten Flugzeugen griffen 32 in 2 Wellen an, zuerst hoch fliegende »Lancaster«, gefolgt von »Halifax« im Tiefflug, letztere unter Führung von Wing Commander Bennett, dem späteren Schöpfer der »Pathfinder Force« (Pfadfinder Verband). Zwanzig 1800-kg-Bomben und 30 kleinere wurden vergeblich geworfen, ebenso die 44 mit Tiefendruckzündern auf 9 m eingestellten »Mark XIX«-Minen. Sie sollten

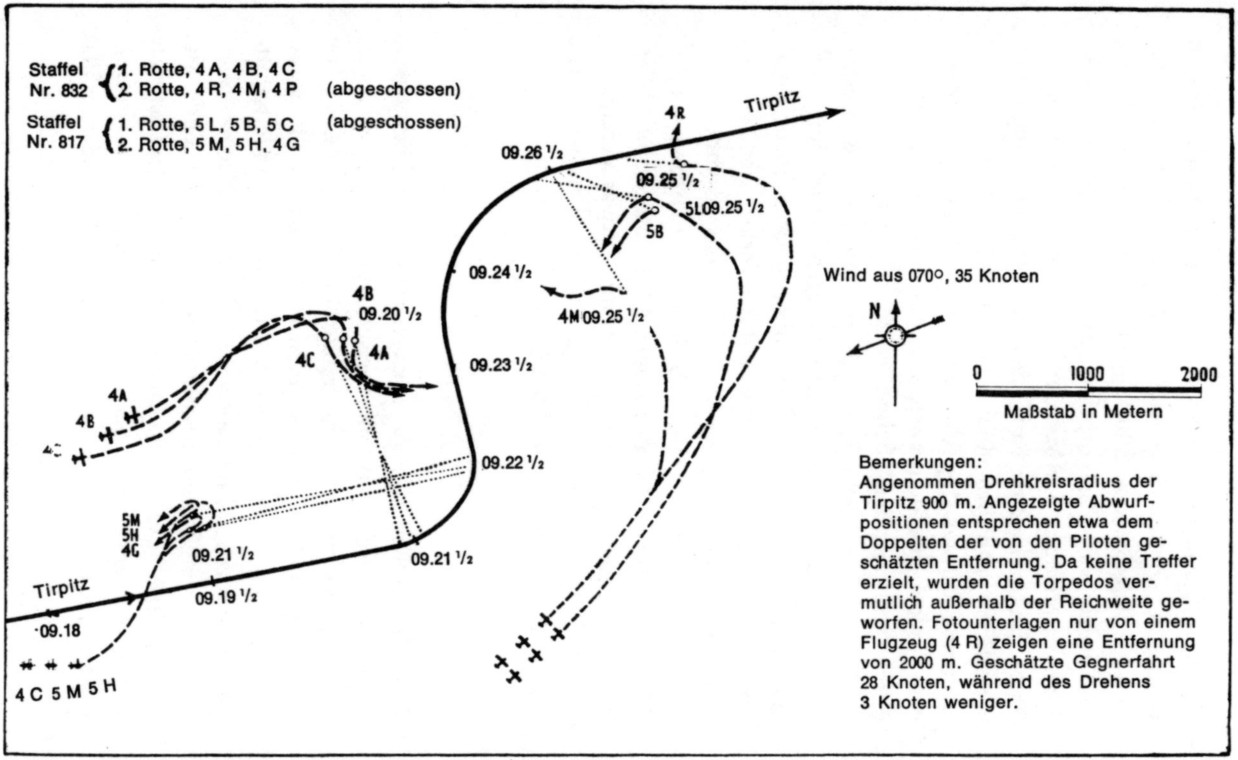

Torpedoflugzeugangriff der Marineflieger am 9. März 1942 auf Tirpitz.

als Nahtreffer in den Fjord oder auf die Berghänge geworfen werden, unter den Liegeplatz der *Tirpitz* rollen und unter dem Schiff detonieren. Eine kluge Idee, der leider kein Erfolg beschieden war. Außerdem ist zweifelhaft, ob die 45 kg Sprengstoffladung der Mine viel Schaden angerichtet hätte. Immerhin bereitete sie dem Gegner Sorgen und zwang ihn zu verstärkten Abwehrmaßnahmen. 5 Bomber, darunter auch Bennett's, wurden abgeschossen, doch gelang es ihm und seinem Funker, einer deutschen Wache zu entkommen und quer durch Norwegen nach Schweden zu gelangen.
In der nächsten Nacht führten 30 Bomber einen Wiederholungsangriff durch, der wiederum wegen Vernebelung mißlang. Bomben und Minen fielen, ohne Schaden anzurichten, um das eingenebelte Schlachtschiff bei Verlust von 2 eigenen Bombern. Innerhalb eines Monats flog das »Bomber Command« 3 Angriffe. Keine unbedeutende Leistung bei den Wetterbedingungen. Dabei gingen 12 der insgesamt 107 erfolglos eingesetzten Flugzeuge verloren. Etwas anderes war erforderlich. Doch bevor es geplant werden konnte, erzielte *Tirpitz* den größten indirekten Erfolg.

GELEITZUG »PQ 17«, 27. JUNI BIS 24. JULI 1942

Nach der erfolgreichen Passage von »PQ 12« im März sandte die britische Regierung mit fortschreitendem Sommer weitere Konvois mit Versorgungsgütern nach Rußland. 70 von ursprünglich 103 Schiffen wurden auf Kosten eines Kreuzers und eines Zerstörers sicher geleitet. Nur 16 Handelsschiffe gingen verloren, 17 mußten wegen Eis und schlechten Wetters zu ihrem Auslaufhafen zurückkehren. Der Ende Mai ausgelaufene »PQ 16« mußte sich den Weg gegen schwere Luftangriffe erkämpfen. Seine Verluste veranlaßten den Gegner zur Vermehrung seiner Torpedoflugzeuge und zum Pla-

nen künftig noch verstärkter Anstrengungen.
»PQ 17« verlies Reykjavik am 27. Juni im engen Geleit von Zerstörern und Korvetten, einer Nahdeckung aus 2 britischen und 2 US-Kreuzern unter Führung von Rear-Admiral Hamilton sowie einer Fernsicherung aus 2 Schlachtschiffen und einem Flugzeugträger der »Home Fleet« unter dem Commander-in-Chief, Admiral Sir John Tovey. Die Weisung der Admiralität war dennoch ganz eindeutig: Die Sicherung des Geleitzugs gegen feindliche Überwasserstreitkräfte westlich der Bäreninsel übernehmen unsere Überwasserstreitkräfte, ostwärts davon U-Boote.
Obgleich der britische Oberbefehlshaber die deutsche Haltung richtig einschätzte, kannte er nicht die Restriktionen, die Hitler den Überwasserstreitkräften auferlegte. Der Flottenchef, Admiral Schniewind, bemühte sich um den Einsatz seiner Großkampfschiffe. Doch nachdem Hitler die Verwendung schwerer Einheiten (Unternehmen »Rösselsprung«) genehmigt hatte, fühlte sich Admiral Raeder noch zu einer Warnung an die »Gruppe Nord« veranlaßt, daß ein Rückschlag äußerst unerwünscht sei. Daraufhin gab die »Gruppe Nord« an Admiral Schniewind: »Besser kurze Einsätze mit Teilerfolgen als längere mit vollem Erfolg. Im Zweifelsfall Unternehmung abbrechen. Unter keinen Umständen darf der Feind gegen den Kern der Flotte Erfolge erringen.«
Am 2. Juli begannen die Deutschen mit der Konzentration ihrer Streitkräfte. *Tirpitz* und *Hipper* verlegten von Drontheim zum Vestfjord, *Scheer* und *Lützow* von Narvik zum Altafjord. *Lützow* und 3 der zur *Tirpitz*-Gruppe gehörenden Zerstörer brachten es fertig, während des Marsches aufzulaufen, und fielen aus, bevor die Operation richtig begonnen hatte.
Am Morgen des 4. Juli, als »PQ 17« etwa 60 Meilen nördlich der Bäreninsel stand, versenkte ein Torpedoflugzeug das er-

ste Schiff. Rear-Admiral Hamilton erhielt mit seinen Zerstörern freies Manöver, als Nahdeckung weiter nach Osten zu folgen, vorbehaltlich anderer Befehle Admiral Toveys, der sich an den ursprünglichen Plan hielt. Er befahl den Kreuzern, auf Gegenkurs zu gehen, sofern ihnen die Admiralität nicht zusicherte, ein Treffen mit *Tirpitz* sei ausgeschlossen. Am selben Tag um 18.09 Uhr meldete Rear-Admiral Hamilton seine Absicht, gegen 22.00 Uhr, nach Beölung der Zerstörer, nach Westen abzudrehen. Um 19.30 Uhr jedoch wies ihn die Admiralität an, beim Geleit zu verbleiben und weitere Instruktionen abzuwarten. Größeres Durcheinander bei einer Marineunternehmung ist kaum vorstellbar. Die Verantwortung für den Konvoi hatte der dienstälteste Offizier des Geleites, Commander J. E. Broome (RN), auf HMS »Keppel«, zusammen mit dem Konvoikommodore, Captain J. C. K. Dowding, DSO, RD, RNR. Außerdem unterstand der dienstälteste Offizier der Geleitsicherung dem Rear-Admiral des ersten Kreuzergeschwaders und dieser wiederum dem etwa 300 Meilen entfernten Commander-in-Chief, darüber die Admiralität, die jedem von ihnen Befehle zu geben versuchte.

Am 4. Juli gegen 21.00 Uhr wehrte der Konvoi einen entschlossenen Torpedo-Flugzeugangriff erfolgreich ab. 2 Schiffe waren versenkt worden, eines beschädigt, doch 3 Flugzeuge abgeschossen. Dabei blieben die nur 10 Meilen voraus stehenden Kreuzer unbehelligt. In der Admiralität war bekannt, daß schwere deutsche Einheiten aus Drontheim und Narvik ausgelaufen waren, doch ging der Kontakt mit ihnen wieder verloren. In Wirklichkeit waren sie aber bis zum Mittag des 5. im Altafjord und wartete auf Hitlers Auslaufgenehmigung. Der erste Seelord, Admiral Sir Dudley Pound, kam zu der Überzeugung, daß ein Großangriff auf den Geleitzug mit schweren deutschen Überwasserstreitkräften un-

Stapellauf *Tirpitz* in Wilhelmshaven am 1. April 1939. *(BfZ)*

Tirpitz am Ausrüstungskai der Bauwerft. *(BfZ)*

Erstes Auslaufen: *Tirpitz* passiert die Kaiser-Wilhelm-Brücke in Wilhelmshaven, die größte Drehbrücke Europas. *(BfZ)*

Ausbildung und Erprobungen in der Ostsee 1941: Richtübungen der Artillerie. *(BfZ)*

Größenordnung von *Tirpitz*. Oben: Breite des Schiffes.
Unten: Im Dock. Die Propeller der Steuerbord- und der Mittelwelle, links die Doppelruder (dazwischen ein Arbeitsgerüst). *(BfZ)*

Schießen der vorderen 38 cm-Türme nach Backbord.
Mitte unten: Der Backbord-achtere 15 cm-Zwillings-Turm, rechts darüber 10,5 cm-Doppelflak. Am oberen Rand die 38 cm-Rohre des dritten Turmes (Caesar). *(BfZ)*

Bild linke Seite:
Die vorderen 38 cm-Geschütztürme, Aufbauten und Gefechtsmast. Beiderseits die vorderen 15 cm-Zwillingstürme und (erhöht) 10,5 cm-Doppelflak. *(BfZ)*

Liegeplatz im Drontheim-Fjord im Februar 1942, links Torpedoschutznetze. *(BfZ)*

Ein Halifax-Bomber. *(IWM)*

Auslaufen mit Zerstörersicherung aus dem Drontheim-Fjord am 6. März 1942. *(BfZ)*

Kapitän zur See Karl Topp, erster Kommandant der *Tirpitz* von der Indienststellung am 25. 2. 1941 bis Februar 1943.

Albacore-Torpedo- und Bombenflugzeuge in Staffelformation. *(IWM)*

mittelbar bevorstehe, die Kreuzer und das Geleit den Konvoi nicht schützen könnten und daher Zerstreuung die beste Chance biete. Folgende Sprüche gingen hinaus:

»Höchste Dringlichkeit. Kreuzerverband mit hoher Fahrt nach Westen abdrehen.« Uhrzeitgruppe 2111 B/4

»Dringend. Wegen Bedrohung durch Überwasserstreitkräfte hat sich das Geleit auseinanderzuziehen und russische Häfen anzulaufen.« Uhrzeitgruppe 2123 B/4

»Höchste Dringlichkeit. Betrifft meinen Spruch 2123/4. Konvoi ist aufzulösen.« Uhrzeitgruppe 2136 B/4

Cdr Broome gab den Befehl an den Geleitzug weiter. Dann schloß er mit seinen Zerstörern an die Kreuzer heran. Er handelte hier nach den Ständigen Befehlen des Oberbefehlshabers. Danach war es Hauptaufgabe der Sicherung, bei einem Überraschungsangriff einer weit überlegenen Kampfgruppe Fühlung am Feind zu halten und ihn bei günstiger Gelegenheit anzugreifen.

Tirpitz, Scheer und *Hipper* mit 6 Zerstörern liefen tatsächlich am 5. 11.37 Uhr zur Suche nach dem Konvoi aus, wohl wissend, daß die britischen Schlachtschiffe und Kreuzer sich weit westlich und auf dem Rückmarsch in die Heimat befanden. Um 17.00 Uhr meldete das russische U-Boot *K 21* die Deutschen mit Kurs 045 Grad, ca. 45 Meilen nordwestlich des Nordkaps und gab an, auf *Tirpitz* 2 Torpedotreffer erzielt zu haben. Im Kriegstagebuch des Schlachtschiffes jedoch wird kein U-Bootsangriff erwähnt. Es entstand kein Schaden. Eine Stunde später meldete ein Aufklärungsflugzeug den Verband und um 20.29 Uhr auch das britische U-Boot *P 54* nach dem verzweifelten einstündigen Versuch, auf Angriffsposition heranzuschließen. Das Oberkommando der Kriegsmarine erhielt diese abgehörten Meldungen und befürchtete bei Fortsetzung der Unternehmung bis über den 6. 01.00 Uhr hinaus Luftangriffe durch Maschinen der *Victorious*. Admiral

Schniewind erhielt daher um 21.32 Uhr Weisung, die Unternehmung abzubrechen und in den Altafjord zurückzukehren.
Zu spät unterrichtete die Admiralität Admiral Tovey, daß *Tirpitz* »zögern könnte, bis zum Geleit vorzustoßen«, falls die Schlachtflotte auf Ostkurs ginge. Die Drohung eines Überwasserangriffs hatte gewirkt. Der Geleitzug zerstreute sich ungesichert. 19 Schiffe wurden in den nächsten 3 Tagen durch Bomben oder Torpedos versenkt. Von den 36 Handelsschiffen des Konvois kehrten 2 um, 11 erreichten Rußland, 23 wurden versenkt. Ohne einen einzigen Schuß abzufeuern, sogar ohne überhaupt näher als auf 300 Seemeilen an das Geleit heranzukommen, hatte *Tirpitz* einen der durchschlagendsten Marineerfolge des Krieges erzielt.

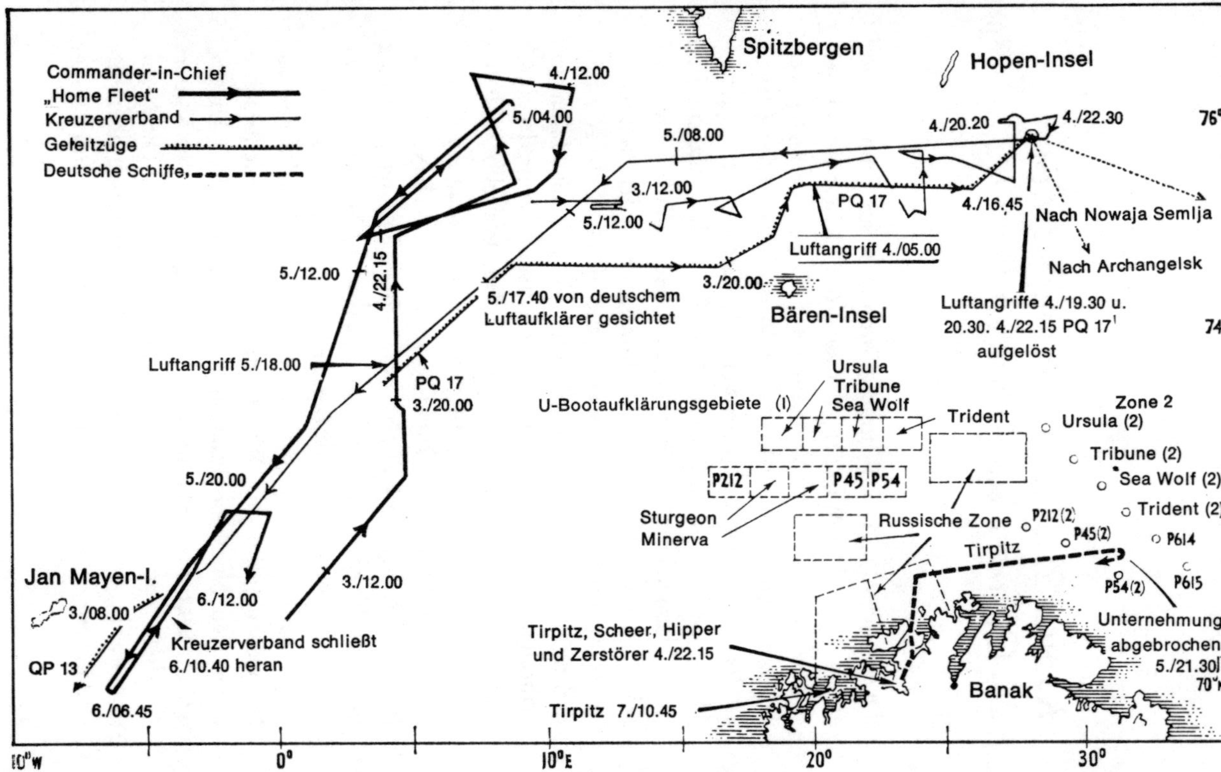

Geleitzüge PQ 17: QP 13. Unternehmungen vom 3. bis 6. Juli 1942.

Kapitel 2: Unternehmung »Title«, 26. Oktober bis 1. November 1942

Die Mißerfolge des »Bomber Command« im Frühjahr und die katastrophale Wirkung, die die bloße Gefahr eines Inseegehens des deutschen Verbandes auf »PQ 17« erzielte, verlangten nach anderen Mitteln zur Ausschaltung der *Tirpitz*. In der Nacht des 18. Dezember 1941 hatten die Italiener im Hafen von Alexandria 3 Zwei-Mann-Torpedos angesetzt und die Schlachtschiffe *Queen Elizabeth* und *Valiant* schwer beschädigt. Einen Monat später erkundigte sich der Premierminister, was unternommen würde, um gleiche Erfolge zu erzielen. Ein nach einem vergeblichen Angriff im Hafen von Gibraltar erbeuteter bemannter italienischer Torpedo diente den Briten als Muster, die danach bald ein brauchbares Fahrzeug entwickelten. Etwa zur gleichen Zeit schlug ein Marineoffizier aus Lunna Voe, Lieut David Howarth (RNVR), vor, für einen Angriff auf *Tirpitz* unter einem Fischereifahrzeug befestigte Torpedos zu verwenden. Aber er hörte nichts mehr davon. Lunna Voe war Stützpunkt des »Shetland Bus«, einer Organisation von Fischereifahrzeugen, die Flüchtlinge aus Norwegen holte und Widerstandskämpfer zurückbrachte. Unter den Norwegenflüchtlingen befand sich Leif Larsen, der im Oktober 1941 an dem Minenlegeinsatz des Kutters *Nordsjon* vor Kristiansund teilgenommen hatte. Die *Nordsjon* war im Sturm gesunken, doch ihre Besatzung überlebte und kehrte nach Großbritannien zurück, Larsen und 4 seiner

Bordkameraden mit dem gestohlenen, gerade fertiggestellten Fischkutter *Arthur*. Larsen war nun angetragen worden, *Arthur* mit 2 bemannten Torpedos samt Besatzung für einen Angriff auf die *Tirpitz* nach Norwegen zurückzubringen. Bereits im April 1942 stand der Prototyp eines britischen bemannten Torpedos für Versuchszwecke zur Verfügung, und die Ausbildung von Besatzungen hatte unter Cdr Geoffrey Sladen (RN) begonnen. Im Juni war der erste bemannte Torpedo fertig zur Erprobung. Als Stützpunkt diente Loch Erisfort mit HMS *Titania* als Mutterschiff. Das Kampfmittel war im Grunde genommen ein 53 cm Torpedo mit einer Batterie als Kraftquelle, die das Fahrzeug über einen Motor mit etwa 3 Knoten 6 Stunden antreiben konnte. Zwei Mann Besatzung in wasserdichter Bekleidung atmeten aus einem speziellen U-Bootstauchretter und saßen rittlings auf dem Torpedo. Der Vordermann lenkte ihn mit einer Steuersäule, die das Seitenruder sowie ein Paar achterer Tiefenruder bediente. Sein Kamerad fungierte soweit wie möglich als Navigator, war verantwortlich für Überwinden von Sperrnetzen und mußte den Gefechtskopf am Ziel befestigen. Er enthielt 270 kg TNT-Sprengstoff und war am Vorderende des Torpedos abnehmbar befestigt. Ein eingebauter Verzögerungszünder gab der Besatzung nach einem Angriff genügend Zeit zum Absetzen.

Larsen nahm das Angebot zum Angriff auf die *Tirpitz* sofort an; die Einsatzplanung begann. Für die 2 vorgesehenen Torpedos war ein Team von 6 britischen Seeleuten erforderlich. Je 2 Mann pro Kampfmittel und ein »Ankleider«, zugleich Reservemann für jede Besatzung, um den Männern in die Tauchanzüge zu helfen. Die beste Möglichkeit, die Torpedos in den Angriffsbereich nahe von *Tirpitz* zu bringen, bot ein kleines norwegisches Fischerfahrzeug. Vor einem Jahr von Larsen »befreit«, wurde *Arthur* dazu ausgewählt und erhielt

eine norwegische Besatzung: Björnöy als Ingenieur, Strand als Funker und Kalve als Decksmann.
Zunächst mußte *Arthur* auf die Anbordnahme der bemannten Torpedos vorbereitet werden und gleichzeitig den Torpedomännern mit Ausrüstung ein sicheres Versteck während deutscher Kontrollen in den Fjorden bieten. *Arthur* hatte scheinbar eine Ladung Torf nach Drontheim zu bringen, eine voluminöse, leicht erhältliche und nicht nachprüfbare Fracht. Zunächst sollten die Fahrzeuge als Decksladung verkeilt über die Nordsee transportiert werden. An der norwegischen Küste zwischen den kleinen Inseln vor Smölen ankernd, mußten die Torpedos über Bord gegeben und mit einer Stahltrosse am Kiel des Kutters zum getauchten Schleppen befestigt werden. Mit einem kleinen mit Benzin getriebenen Generator waren dann die Torpedobatterien aufzuladen. Anschließend sollte dieser über Bord geworfen und der entstandene Hohlraum mit an Deck lagerndem Ersatztorf ausgefüllt werden. Ein zusätzliches Schott am achteren Ende des Laderaumes, etwa 2 Fuß vor dem echten, trennte Lade- und Maschinenraum. Eine Geheimtür im Maschinenraum hinter der Schalttafel führte zu diesem Versteck, in dem die Geräteausrüstung der Torpedoreiter lagerte, zugleich Unterschlupf für die britische Besatzung während Routinedurchsuchungen. Ein vollständiger Satz gefälschter Papiere wurde beschafft, Fischereipaß, Registrierungspapiere, Besatzungsliste und Reisepapiere, ausgestellt, gestempelt und gut vorbereitet für ein ähnliches, noch in Norwegen befindliches Fahrzeug. So ausgerüstet, lief *Arthur* zu einer entlegenen Shetlandbucht, um sich dort mit dem Mutterschiff *Alecto* und dem Schlachtschiff *Rodney* zu treffen, das den Torpedomännern während der Ausbildung als Übungsziel diente.
Die Torpedobesatzungen bestanden aus Lieut Brewster als Führer, dem Matrosen Brown als seiner Nummer Zwei, Ser-

geant Craig, RE, mit dem Matrosen Evans als Nummer Zwei und den Matrosen Causer und Tebb als »Ankleider«. (Causer wurde später zum Offizier befördert und mit dem DSO (Distinguished Service Order) für den Angriff mit bemanntem Torpedo auf den italienischen Kreuzer »Bolzano« in La Spezia ausgezeichnet.) Nach einer Reihe erfolgreicher Angriffsübungen auf *Rodney* verlegte Larsen *Arthur* zur Vorbereitung der Unternehmung nach Lunna Voe. Das Boot war sorgfältig überprüft, britische Beschläge entfernt und durch norwegische ersetzt worden. Die Besatzung erhielt ausschließlich norwegische Bekleidung. Sogar Frischproviant, Brot, abgepackte Butter usw. stammten von einem kürzlich eingetroffenen Flüchtlingsboot. Dann folgten abschließende Planungen für die Rückkehr.

Die ganze Unternehmung war peinlich genau in Zusammenarbeit mit der norwegischen Widerstandsbewegung geplant worden. Aus Fischereipapieren nahm man echte Unterschriften prüfender deutscher Offiziere, Einzelheiten der Prüfungspunkte wurden festgelegt und die Sperreinrichtungen um *Tirpitz* untersucht. Die Informationen hatte ein junger norwegischer Offizier, Odd Sörli, als lutherischer Pastor verkleidet, über Schweden nach England gebracht, dazu gehörten auch Einzelheiten über die Vorkehrungen zur Rückkehr. Nach dem Angriff sollten die Besatzungen der Torpedos am Südufer des Fjords ein Wagen erwarten, um sie an die schwedische Grenze zu bringen. Inzwischen sollten die »Ankleider« und die norwegische Besatzung *Arthur* versenken und dann an einer anderen Stelle an Land rudern, wo sie weitere Wagen erwarten würden. Scheiterte einer der Pläne, war ein Treffen aller Teilnehmer in der folgenden Nacht auf einem benachbarten Hügel vorgesehen.

Am Morgen des 26. Oktober lief *Arthur* nach Norwegen aus. Es herrschte rauhes Wetter mit starkem Ostwind. Schwer

stampfend arbeitete sich das Fahrzeug durch die See. Am Dienstag, dem 27. abends, sichteten die Männer die Berge um Smölen. Mittwochnachmittag am 28., bei *Arthurs* Annäherung an die Fjordeinfahrt, versagte die Maschine. Nach 3 Stunden brachte sie Björnöy wieder in Gang.
Donnerstag, den 29., lief der Generator zur Ladung der Torpedobatterien an, fiel jedoch nach einer Viertelstunde durch Beschädigungen während der stürmischen Überfahrt wieder aus. Da war nichts zu machen, als das Gerät über Bord zu werfen und auf ausreichende restliche Ladung der Akkus zu hoffen. Den ganzen Tag über versuchten sie immer wieder, die Torpedos freizulegen und über Bord zu hieven. Diese Pläne durchkreuzte aber ein ständig den Fjord überwachendes Flugzeug. Beim ersten Überflug der Maschine drehte Tebb vollständig durch und lief auf ein verstecktes Maschinengewehr zu, wurde zum Glück jedoch durch den Zornausbruch Larsens gestoppt. Dann mußte wegen aufkommenden schlechten Wetters das Klarmachen der Torpedos auf den Morgen des 30. verschoben werden. Gerade fertig damit, Brewster und Evans eben wieder an Bord, da tauchte ein neugieriger älterer Fischer auf. Er wurde mit der Nachricht abgespeist, daß die unter *Arthurs* Rumpf klar erkennbaren Torpedos deutsche Minenräumgeräte wären. Dann ging alles, was aus England stammte, über Bord, und das Maschinengewehr wurde in dem Versteck zwischen Lade- und Maschinenraum verborgen. Um 14.00 Uhr ging Larsen Anker auf und lief, die Torpedos unter sich im Schlepp, auf die Einfahrt des Drontheimfjords zu. Am späten Nachmittag gab die Maschine verdächtige Geräusche von sich, und um 23.00 Uhr ankerte Larsen vor Hestvik, um den Motor zu reparieren und um Verbindung mit Nils Strom, einem Untergrundkämpfer, an Land aufzunehmen. Larsen begann als Kennung eine vorher festgelegte Unterhaltung über Torf, doch Strom begriff zu-

nächst nicht. Es dauerte eine Weile, bevor Larsen das richtige Losungswort erhielt. Mit Hilfe eines ortsansässigen Schmiedes gelang es Björnöy, einen kupfernen Flicken für den gebrochenen Kolbenkopf anzufertigen und einzupassen. Sonnabend, den 31. Oktober, war *Arthur* gegen 09.00 Uhr wieder unterwegs. Eine Stunde später erreichten sie das Kontrollboot.

Die Untersuchung verlief glücklich, wenn auch nicht ohne Aufregung. Alles war in Ordnung bis auf das Wetter: bei Windstille und strahlendem Sonnenschein waren die Torpedos unter dem Kiel des Kutters in gestopptem Zustand klar erkennbar. Das hatte man in Lunna Voe nicht vorausgesehen. Beschäftigung mit einer Wurfleine lenkte die Aufmerksamkeit der deutschen Seeleute ab, als die beiden Boote dicht zusammenkamen. Die Torpedos blieben während der Viertelstunde unbemerkt, die der Untersuchende mit Larsen zur Prüfung der gefälschten Papiere und Rückfrage bei einem mit der gleichen Aufgabe ein Stück weiter innen im Fjord beschäftigten Kameraden brauchte. Schließlich durfte *Arthur* weiterfahren, wobei das Kielwasser die Torpedos weiterer Beobachtung entzog.

Arthur setzte die Fahrt den Rest des Vormittags und den ganzen Nachmittag über durch den Fjord in Richtung Drontheim ohne weitere Störungen fort, ostnordostwärts bis Agdenes Leuchtfeuer, dann mit Südostkurs bis Gjeiten und der Einfahrt zum Korsfjord, wo der Hauptfjord nochmals abbog, so daß der Kurs nach Drontheim, wo er sich erweiterte, schließlich wieder Ostnordost war. Die Torpedoreiter waren den ganzen Tag über versteckt geblieben und ruhten sich aus, soweit es die Verhältnisse zuließen. Mit Einbruch der Abenddämmerung bereiteten sie sich mit Kursänderung vor dem Korsfjord auf den Nachtangriff vor. Es herrschte schönes Wetter, doch wehte eine steife, östliche Brise, und die

Lichter von Drontheim waren klar zu sehen. (Die Deutschen waren recht nachlässig mit der Verdunkelung.) Etwa 15 Meilen waren es noch bis zum Loswerfen vor dem letzten Anlauf der bemannten Torpedos. Craig und Evans beendeten ihre Umkleidung, Brewster und Brown begannen damit, als Drontheim Steuerbord querab war. Der Ostwind nahm ständig zu. *Arthur* begann in der aufkommenden steilen See des Fjords zu stampfen. Es blieb nichts weiter übrig, als mit der Fahrt in der Hoffnung herunterzugehen, daß der plötzlich einsetzende Sturm vor Erreichen der Einfahrt zum Åsenfjord, dem Liegeplatz der *Tirpitz*, wieder aufhören würde. Aber mit dem Glück war es vorbei. Die Torpedos schlugen in unregelmäßigen Abständen gegen den Kiel des Kutters. Kurz nach 22.00 Uhr hörten sie ein lautes, schleifendes, reißendes Geräusch, dann ein Ruck und eine Erschütterung, als ob etwas gegen die Schraube des Fahrzeugs schlug. Ein Torpedo war abgerissen. Larsen steuerte *Arthur* in ruhiges Fahrwasser und Brewster befahl Evans, der fertig angezogen war, über Bord zu springen und den verbliebenen Torpedo zu untersuchen. Aber auch der war verloren. Beide Torpedos hatten sich losgerissen und waren verschwunden. Nur die Schlepptrossen hingen noch eingeschäkelt unter dem Kiel. Unbemerkt hatten sie sich nun bis auf 10 Meilen ihrem Ziel genähert. Ihre Enttäuschung war grenzenlos. Brewster schrieb: »Wir waren bestürzt. Fort die Torpedos, mißlungen der Versuch. Ich glaube, niemand war je so enttäuscht wie wir in dieser Nacht. Nur 10 Meilen vom Stolz der deutschen Marine entfernt; alle Hindernisse überwunden; und dabei hätten wir ebensogut am Nordpol sein können. Zurückblickend, fällt mir nicht einmal ein bestimmter Fluch ein. Dazu waren wir viel zu niedergeschlagen.«
Brewster und Larsen berieten sich rasch. Obwohl unentdeckt, wollten sie nicht wieder über See nach den Shetlands

zurückkehren. Um die erforderlichen Auslaufpapiere zu erhalten, hätten sie den Torf verkaufen müssen. Außerdem war es sehr zweifelhaft, ob der geflickte Motor die Reise überstehen würde. Sie konnten den Kutter also nur noch versenken und, wie geplant, über Schweden heimkehren. Am 1. November gegen 01.00 Uhr gingen sie in 2 Gruppen mit dem Dingi in flachem, ruhigem Wasser in Landlee ans Ufer und versenkten *Arthur* durch Öffnen der Seeventile und in den Schiffsboden gebohrte Löcher. Die vorgesehene Unterstützung von der norwegischen Widerstandsbewegung fiel aus, weil sie sich am falschen Ort befanden. So mußten sie sich zu Fuß bis zur schwedischen Grenze durchschlagen. Sie taten es in 2 Gruppen; Larsen, Kalve, Craig, Evans und Tebb gehörten zur ersten, Björnöy, Strand, Brewster, Brown und Causer zur zweiten. Kurz vor der Grenze hielten 2 Polizisten Larsens Gruppe an. Bluff erwies sich als zwecklos. Es kam zu einer Schießerei, bei der Evans einen Bauchschuß erhielt. Seine Kameraden hielten ihn für tot und mußten ihn zurücklassen. Larsen und seinen restlichen Begleitern, wie auch der anderen Gruppe, gelang in dieser Nacht der Grenzübergang. Vier Tage und Nächte harten Marsches lagen seit Verlassen des Kutters hinter ihnen. Vierzehn Tage später flogen sie von Schweden nach England zurück, wo Larsen als erstem Nicht-Briten die »Conspicious Gallantry Medal« und Brewster das »DSC« (Distinguished Service Cross) verliehen wurden.

In Wirklichkeit starb Evans nicht an der während des Schußwechsels erhaltenen Verwundung. Die Deutschen brachten ihn ins Krankenhaus und stellten ihn wieder her. Nach seiner Vernehmung erschossen sie ihn auf ausdrücklichen Befehl des Oberkommandos als Spion.

Auch *Arthur* fanden die Deutschen. Der Kutter war an das Ufer getrieben und schließlich gesunken, wobei die Masten noch aus dem Wasser ragten. Bei der gründlichen Untersuchung entdeckten sie auch das Versteck. Die Deutschen konnten eine vernünftige Folgerung über die Art des Angriffsversuches ziehen. Unternehmung »Title« war nur knapp fehlgeschlagen.

WINTER UND FRÜHJAHR 1942/43

Tirpitz blieb den ganzen Winter 1942/43 über auf ihrem Ankerplatz im Drontheimfjord und führte ein ausgedehntes Instandhaltungsprogramm durch. Dazu gehörte sogar die Anlage eines Senkkastens zum Ruderwechsel bei schwimmendem Schiff. Der Verlust der *Gneisenau*, die nach dem Kanaldurchbruch im Trockendock von Bomben getroffen wurde, hielt Hitler von dem Risiko einer Rückverlegung der *Tirpitz* nach Deutschland ab. Und in Norwegen gab es kein Trokkendock genügender Größe für sie. Doch während ihrer Instandsetzung kam es zu einem anderen Ereignis, das für ihre Zukunft weitreichende politische Folgen haben sollte.

Am 30. Dezember 1942 lief Vizeadmiral Kummetz auf *Hipper* zusammen mit *Lützow* und 6 Zerstörern im Verband vom Altafjord aus, um den Geleitzug »JW 51 B« anzugreifen, der von einem U-Boot als »schwach gesichert« gemeldet worden war. (Die Bezeichnung der Nordmeerkonvois war kürzlich aus Sicherheitsgründen von »PQ« und »QP« für aus- bzw. rücklaufende in »JW« und »RA« mit einer mit »51« beginnenden Nummernfolge geändert worden.) »JW 51 B« verfügte über ein aus 6 Zerstörern, 2 Korvetten, 2 Trawlern und einem Minensucher bestehendes Nahgeleit unter Führung von Captain Sherbrooke auf HMS »Onslow«. Rear-Admiral Burnett mit 2 Kreuzern und 2 Zerstörern übernahm die Fernsicherung, während etwa 500 Meilen weiter westlich der Commander-in-Chief mit Einheiten der »Home Fleet« auf eine Chance gegen die *Tirpitz* wartete.

Am 31. Dezember um 09.30 Uhr eröffneten die deutschen Streitkräfte das Feuer auf den ersten britischen Zerstörer und versuchten, das Geleit anzugreifen. Fünfeinhalb Stunden später war alles vorüber. Entschlossene und geschickte Führung der Zerstörer sowie das Eintreffen von Vice-Admiral Burnett mit seinen Kreuzern hatten den Gegner vertrieben. Auf britischer Seite gingen die Zerstörer *Achates* und der Minensucher *Bramble* verloren, beschädigt wurden die Zerstörer *Onslow, Obedient* und *Obdurate*. Auf deutscher Seite sank der Zerstörer *Friedrich Eckoldt*, während Kreuzer *Hipper* schwer beschädigt wurde. Als einziges Handelsschiff erhielt die *Calobre* einen Treffer. Gerade als die Deutschen sehr gute Aussichten auf größere Erfolge gegen die Briten hatten, erhielt Vizeadmiral Kummetz den Befehl, kein Risiko einzugehen. Er war daher zum Abbruch des Gefechtes gezwungen, ohne die britischen Kreuzer vor die 28er Rohre der *Lützow* zu bekommen. Wie schon bei »PQ 17«, so hatte sich auch hier wieder eine Einmischung von Land aus in einer taktisch entscheidenden Phase als ungünstig erwiesen.

Die fehlgeschlagene Unternehmung sollte sehr weitreichende Folgen haben. Hitler war über die Katastrophe von Stalingrad bestürzt und wartete ungeduldig auf einen Erfolg gegen den Eismeergeleitzug, um das neue Jahr mit einem Lichtblick zu beginnen und um einen Trumpf im Rußlandfeldzug aufzuweisen. Kummetz' Mißerfolg indessen löste bei Hitler einen Wutanfall aus und veranlaßte ihn zu dem Versuch, seine großen Schiffe außer Dienst zu stellen. Er wollte ihre schweren Geschütze an Land geben und dort zur Abwehr der erwarteten alliierten Invasion einsetzen, die Kreuzer und Panzerschiffe in Flugzeugträger umbauen sowie alle verfügbaren Kräfte auf ein U-Bootbauprogramm konzentrieren. Von Großadmiral Raeder forderte er dazu eine Stellungnahme.

Raeder legte seine Auffassung klar und reichte den Abschied ein. Am 30. Januar 1943, nach 25jähriger Tätigkeit als Oberbefehlshaber der deutschen Marine, übergab er diese Verantwortung an Admiral Karl Dönitz.
Obwohl Befehlshaber der U-Boote, war Dönitz ein zu weitsichtiger Stratege, um die Außerdienststellung der Großkampfschiffe und die damit verbundene Freistellung britischer Marinestreitkräfte für anderweitige Aufgaben zu wünschen. Er überredete Hitler, den von diesem als »unabänderlich« bezeichneten Befehl noch einmal zu überdenken. Die schweren Einheiten blieben zwar im Dienst, doch hatte man stets das unsichere Gefühl, daß sie im Führerhauptquartier mit Argwohn betrachtet wurden. Für Reichsmarschall Göring waren sie Anlaß schneidender Kommentare über ihre kostspielige Nutzlosigkeit, insbesondere, nachdem Brennstoff- und Tankermangel die Marineführung immer mehr drückten.
Im März 1943 verließ die *Tirpitz* nach Abschluß ihrer winterlichen Selbstinstandsetzung Drontheim und vereinigte sich mit *Scharnhorst* und 6 Zerstörern im Altafjord im äußersten Norden Norwegens. Hier lag für die Alliierten ein Anlaß zu ständiger Sorge. Ein schneller, schwer bewaffneter Verband von 2 Schiffen konnte nach Wunsch entweder in den Atlantik ausbrechen oder über einen Eismeergeleitzug herfallen. Sie lagen fast unerreichbar auf ihren von Bergen umschlossenen Ankerplätzen, gesichert von Jägern auf den Flugplätzen Bardufoss und Banak und befanden sich außerhalb der Reichweite landgestützter Bomber, es sei denn, daß von den primitiven russischen Anlagen Gebrauch gemacht wurde. Der Verband stellte ein enormes Zerstörungspotential dar. Was er dann tatsächlich an Taten verrichtete, mutete fast wie eine Posse an.

SPITZBERGEN, 9. SEPTEMBER 1943

150 Seemeilen nördlich der Bäreninsel, 400 Meilen nördlich des Altafjords und Nordkaps, des nördlichsten Punktes Norwegens und des europäischen Kontinents, liegt Südkap, der südlichste Punkt Spitzbergens. Eine öde Insel, die vor dem Kriege etwa 3000 Einwohner zählte, Norweger und Russen, die vom Kohlenbergbau lebten. Die Alliierten hatten die Einwohner im August 1941 evakuiert und die Bergwerke unbrauchbar gemacht. Einen Monat später bauten die Deutschen auf der Insel eine Wetterstation. Eine rivalisierende norwegische Station war im Sommer 1942 eingerichtet worden, und die Deutschen waren gezwungen worden, ihre Wetterleute mit einem U-Boot abzuholen.

Am 9. September 1943 eröffneten *Tirpitz* und *Scharnhorst* bei Tagesanbruch mit ihrer Hauptarmierung das Feuer auf die zwei 7,6 cm Geschütze, die die Verteidigung von Barentsburg ausmachten. Die Zerstörer liefen mit Landungstruppen ein. Vor Mittag war bereits alles vorüber: Einige Gefangene waren gemacht, ein Nachschublager und die Funkstation zerstört worden. Die Landungstruppen kehrten an Bord zurück, dann zogen sich die deutschen Schiffe ungehindert in die offenbar sicheren Gewässer des Altafjords zurück. Während ihrer Lebensdauer war dies der erste und einzige offensive Einsatz der Hauptbewaffnung der *Tirpitz* im Direktschuß. Niemand ahnte an Bord, daß *Tirpitz* ihren letzten Kampfauftrag durchgeführt hatte. Während der ihr noch verbleibenden 14 Monate war sie nur noch Angriffsziel. Ihre fast einzige künftige Reise führte sie vom Altafjord zum flachen Ankerplatz von Tromsö.

Kapitel 3: Angriffe der »X«-Boote

Obwohl es Vorschläge für Angriffe geeigneter Klein-U-Boote auf im Hafen liegende feindliche Ziele gab, meist aus der Zeit während des ersten Weltkrieges und danach von den beiden hervorragenden U-Bootfahrern, Commander Geoffrey Layton und Max Horton (beides spätere Admirale und »Commander-in-Chief«), wurden diese Überlegungen niemals günstig aufgenommen. Es blieb vielmehr einem pensionierten Offizier überlassen, Cdr Cromwell Varley, DSC, den ersten Prototyp eines »X«-Fahrzeugs zu entwerfen und zu bauen, das am Hamblefluß bei Southampton vom Stapel lief. Dieses Boot führte die Bezeichnung »X-3«. »X-1«, so lauteten Buchstabe und Nummer des 1929 in Dienst gestellten 3500 Tonnen U-Kreuzers, dessen Bewaffnung vier 13,2 cm Geschütze einschloß. »X-2« war die Nummer des italienischen U-Bootes *Galileo Galilei*, das sich kurz nach Italiens Kriegseintritt dem Kanonenboot *Moonstone* vor Aden ergab. Abgesehen von Größe und Bewaffnung jedoch wichen »X-3« und Nachfolger sehr wenig von normalen U-Booten ab. Tatsächlich waren sie nur wenig kürzer als die 1902 bei der Royal Navy zuerst eingeführten Boote der Hollandklasse.

»X-3« hatte eine Länge von 15.50 m, einen Druckkörperdurchmesser von 1.68 m und eine Tauchtiefe von 90 m. Energie lieferte ein Gardner-Diesel für Überwasserfahrt und Aufladung der Batterie, die über einen Generator, der bei ge-

Torpedoangriff von Albacore-Flugzeugen auf *Tirpitz* westlich der Lofoten am 9. März 1942. *(Kapt. z. S. Reinicke)*

Ausweichmanöver von *Tirpitz* — die Laufbahnen fehlgegangener Torpedos kreuzen das Kielwasser. *(BfZ)*

Ein Arado 196-Bordflugzeug ist neben *Tirpitz* gelandet und geht unter den Flugzeugkran. *(Bundesarchiv)*

Die Maschine wird eingesetzt. Eine zweite Arado 196 fliegt zur Landung an. *(Bundesarchiv)*

Leif Larsen. *(D. Howarth)*

Der norwegische Fischkutter *Arthur*. *(D. Howarth)*

Torpedoreiter in Fahrt. *(IWM)*

Tirpitz wieder im „Netzkasten“ bei Drontheim. *(BfZ)*

Tirpitz mit *Admiral Hipper, Lützow* und Zerstörern auf Verlegungsmarsch durch Norwegens Fjorde. *(BfZ)*

Tirpitz (links, mit Schleppern längsseit) läuft im März 1943 in den Kaa-Fjord, einen südwestlichen Seitenarm des Alta-Fjordes, ein, um den neuen Liegeplatz einzunehmen. *(BfZ)*

Britisches U-Boot *Sceptre* *(IWM)*

Kapitän zur See Hans Meyer. Er löste Topp im Februar 1943 ab und war Kommandant, bis er bei dem Luftangriff am 3. 4. 1944 verwundet wurde und das Kommando an den bisherigen I. Offizier, Kapitän zur See Junge, abgab.

X-5 im Schlepp des U-Bootes *Thrasher* beim Auslaufen aus Loch Cairnbawn (Schottland). Kopf und Schultern des Überfahrt-Kommandanten sind im offenen Luk des „Wet and Dry" zu erkennen. *(IWM)*

X-Boot beim Tauchen. *(Submarine Museum)*

Kommandant am Sehrohr. *(Submarine Museum)*

tauchtem Boot als Motor arbeitete, das Fahrzeug antrieb. Ursprünglich bestand die Besatzung aus 3, später aus 4 Mann, eingepfercht in den nicht von der Technik beanspruchten Raum im Druckkörper von nur 137 cm Deckshöhe. Lediglich in 2 Punkten wich »X-3« von einem konventionellen U-Boot ab. Zwischen der vorderen Abteilung, die als Zentrale diente und der Mittschiffsabteilung für die Batterie, befand sich der Einstiegschacht, der »W. D.« (wet an dry) genannt wurde, mit einer Luke darüber im Druckkörper sowie druckfesten Luken vorn und achtern zu den beiden Abteilungen.*
Das war der Ein- und Ausstiegweg für einen Taucher unter Wasser sowie auch für den Wachoffizier bei Überwasserfahrt. Außerdem war dort die Toilette mit ihrer komplizierten Luftdruckspüleinrichtung untergebracht. Der zweite Unterschied bestand in der Bewaffnung. Statt mit Torpedos war »X-2« mit Seitenladungen ausgerüstet, abtrennbaren Grundminen mit einer Ladung von je 2 Tonnen »Amatol« mit einem vom Inneren des U-Bootes aus zu bedienenden Zeitzünder mit bis zu 36 Stunden Verzögerung.

Daß dieses »X«-Boot jemals über die Planungs- und Prototypphase hinauskam, lag an einer Reihe höchst günstiger Voraussetzungen. Cromwell Varley hatte die Marine verlassen, um einen Maschinenbaubetrieb zu leiten. Er war als U-Bootkommandant des ersten Weltkrieges ein Zeitgenosse und Freund von Admiral Sir Max Horton, der während der ersten beiden Kriegsjahre »Flag Officer, Submarines« (Befehlshaber der U-Boote) war, bevor er zum »Commander-in-Chief, Western Approaches« (Oberbefehlshaber der Westlichen Zufahrten) ernannt wurde. Horton hatte sich in der Zeit zwischen den Kriegen selbst bemüht, die Admiralität

* Diese Anordnung der Abteilungen war nur für *X-3* und *X-4* eigentümlich. In allen folgenden Fahrzeugen befanden sich die Zentrale auf ihrem normalen Platz mittschiffs und die Batterie in der vorderen Abteilung.

für wenigstens 3 Entwürfe eines Kleinst-U-Bootes zu interessieren. Da der Premierminister, Winston Churchill, ein überzeugter Verfechter offensiver Kriegführung war, fand der Gedanke von »X-3« eine sehr positive Aufnahme. (Im Gegensatz dazu kostete es Barnes Wallis 3 Jahre, bevor er irgendeine Unterstützung für die »Tallboy«-5400-kg-Bomben fand, mit denen die *Tirpitz* schließlich versenkt werden sollte.) Bereits Mitte des Sommers 1941 kam das erste Marinepersonal zu dieser ungewöhnlichen Organisation. Es handelte sich um Lieut W. D. Meeke, DSC, RN, Lieut Donald Cameron, RNR, und Chief ERA* Richardson. Der Fischlogger *Present Help* diente als Tender. Ende des Jahres waren Sprengungsversuche mit Seitenladungen erfolgreich abgeschlossen. »X-3« lief am 15. März 1942 um 23.00 Uhr vom Stapel und tauchte am 24. zum ersten Male. Einen Monat später erfolgte die erste Auswahl gerade beförderter, freiwilliger Offiziere für »Besondere Verwendung«. Ende Mai begann die theoretische und praktische Ausbildung in Fort Blockhouse, Gosport (HMS »Dolphin«, die »Alma Mater« der U-Bootfahrer) und mit »X-3« auf dem Hamble Fluß. Nach weiterer U-Bootausbildung in Blythe und Rothesay meldeten sie sich im neu aufgestellten Kleinst-U-Bootstützpunkt in »Kyles of the Bute Hydropathic Hotel«, Port Bannatyne, auf der Insel Bute, übernommen als HMS »Varbel«.
Für die Royal Navy übrigens ein einzigartiger Schiffsname, da er aus den Namen der Cdr Var(ley) und T.I.S. Bel(l), DSC, RN, dem für Personal und Ausbildung verantwortlichen Offizier, zusammengesetzt war. Hätte die Admiralität seine Bedeutung gekannt, wäre der vorgeschlagene Name zweifellos abgelehnt worden. Varley blieb den ganzen Krieg über in seinem Tweedanzug ein verdächtiger Zivilist unter

* ERA = Obermaschinist.

den Marineuniformen. Port Bannatyne war ein ausgezeichneter Stützpunkt in Nähe der Haupt-U-Bootbasis HMS »Cyclops« in der Rothesay Bucht, neugierigen Blicken aber durch eine kleine Landzunge verborgen, mit direktem Zugang zu Loch Striven und nordwärts durch Kyles of Bute, einem viel zu engen und nutzlosen Wasserweg, um für größere Fahrzeuge als Fischkutter in Frage zu kommen. Obwohl 18 Monate zwischen Stapellauf und erstem Einsatz von »X-3« vergingen mit dem Bau des Fahrzeugs, den Tests und der Ausbildung der Besatzungen, ist beachtlich, daß die Deutschen davon nichts bemerkt zu haben scheinen.
Am 26. August, nach einer Reihe erfolgreicher Versuche im Hafen von Portland, wurde »X-3« auf einen Eisenbahnwagen verladen und auf dem Schienenwege von Southampton nach Faslane gebracht, wo das Boot in den Clyde gesetzt und von HMS »Alecto« nach Loch Striven geleitet wurde. Ardtaraig House, an der Spitze der Bucht, übernahm man als »Varvel II«. Während Meeke bei Vickers-Armstrong den Bau von 6 Frontbooten überwachte, ging die Ausbildung der Besatzungen auf »X-3« unter Cameron und seinem neuen ersten Wachoffizier, John Lorimer, weiter.
Im November ereignete sich der erste größere Unfall. Da die Boote zuwenig Freibord hatten, erhielten sie ein Lufteinlaßventil, das über Wasser die Hauptmaschine zu fahren erlaubte, ohne bei Seegang voll Wasser zu laufen. Obwohl nicht dafür bestimmt, die Verwendung auch nicht ratsam war, konnte es in der Tat als kurzer Schnorchelmast benutzt werden. In der Zuleitung vom Lufteinlaßventil ins Boot befand sich ein verschließbares Ventil, um den Druckkörper vor dem Tauchen abzudichten. Während einer Nachmittagsausbildung klemmte sich unbemerkt Treibgut in das Ventil, so daß beim Tauchen Wasser in den Druckkörper eindrang. Lorimer, der das Boot führte, befahl sofort, alle Tauchzellen auszublasen.

In dem Durcheinander jedoch fiel der einzige Schlüssel runter und ging unter den Grätings verloren. Mit zunehmend eindringendem Wasser sank das Boot achterlastig in 33 m Tiefe auf den Grund von Loch Striven.
Lorimer erkannte schnell, daß sie bei zunehmendem Wassereintritt das Boot würden verlassen müssen. Er und die beiden Schüler, Sub-Lts Gay und Laites, legten ihre Tauchretter an. Erst nach etwa 40 Minuten war das Boot, selbst nach Öffnung weiterer Ventile, vollgelaufen. Die ganze Zeit über mußten alle drei geduckt in der Dunkelheit stehen. Das aus der überfluteten Batterie ausströmende Chlorgas brannte in den Augen, und das kalte Wasser stieg langsam an den Beinen, dann am Körper hoch. Bei Ausgleich von Innen- und Außendruck öffnete Gay das Luk und zog sich heraus. Laites jedoch geriet in Schwierigkeiten, da er den Sauerstoff seines Tauchretters verbraucht hatte und das Bewußtsein verlor. Beherzt befreite Lorimer Laites von dem Gerät, legte ihm ein frisches an und bugsierte ihn durch das Luk nach oben. Obwohl das neue Gerät beim Ausstieg durch das Luk abriß, tauchte Laites auf, und das Dingi der *Present Help* barg ihn. Lorimer war inzwischen von Kälte und Anstrengung bei Laites' Rettung erschöpft und selbst nahezu bewußtlos durch Sauerstoffmangel seiner eigenen fast leeren Flasche. Dennoch schaffte er den Ausstieg aus der Luke und tauchte heil auf.
Von *Present Help* war der Unfall beobachtet und sofort »Tripper« gemeldet worden, das Stichwort für U-Bootunfall. Gegen 23.00 Uhr des gleichen Abends war nicht nur das Bergungsschiff HMS *Tedworth* eingetroffen, sondern hatte auch bereits »X-3« gehoben. Eine bemerkenswerte Leistung, selbst unter den herrschenden günstigen Bedingungen! »X-3« wurde zur Instandsetzung nach Portsmouth gebracht.
Die Ausbildung auf dem Clyde ging mit »X-4« weiter, das gerade unter dem Kommando von Lieut Godfrey Place, DSC,

RN, eingetroffen war, als im Dezember der erste Verlust eintrat. Während einer Dauerübung in aufgetauchtem Zustand kletterte Sub-Lt. Morgan Thomas, RNVR, aus dem Einstiegschacht »W.D.«, um die Wache im Turm von Place zu übernehmen, der sich zunächst in die vordere Zentrale begab. Es war eine widerliche Nacht. Thomas riß eine unerwartete See nicht nur über Bord, auch der Einstiegschacht »W. D.« lief voll, dessen oberes Luk noch offenstand. »X-4« trieb hilflos nahezu senkrecht mit dem Bug aus dem Wasser. Place in der vorderen, ERA Whitley in der achteren Abteilung waren durch den vollgelaufenen Einstiegschacht »W.D.« voneinander getrennt und ohne Verbindung. Place gelang es, ein Notsignal an *Present Help* zu geben, die in der Nähe in Loch Ranza ankerte. Nach einigen Stunden hatte der Logger mit einer um das Heck von »X-4« gelegten Trosse das Fahrzeug wieder in die Horizontale gebracht, so daß die beiden durch den »W.D.« aussteigen konnten. Am Silvestertag 1942 lief »X-5« in Faslane vom Stapel, »X-6« traf am 11. Januar 1943 ein und die weiteren 4 Fahrzeuge kurz danach. Die während der Ausbildung gesammelten Erfahrungen hatten als Verbesserungen Berücksichtigung gefunden. Abgesehen von der Hauptänderung, nämlich die Zentrale mittschiffs und die Batterie vorn unterzubringen, blieben die neuen Boote ziemlich unverändert. Allerdings konnte das Luk des Einstiegschachts »W.D.« wegen der beiden Unfälle nun von der Zentrale aus geschlossen werden, und das Lufteinlaßventil war jetzt mit einem gesicherten Schlüssel für den Wachoffizier versehen. Mit den Frontbooten kam auch das neue Mutterschiff HMS *Bonaventura* unter dem Kommando von Captain W. E. Banks, DSC, RN nach Loch Striven.
Der Admiralstab wollte den Angriff auf *Tirpitz* eigentlich Frühjahr 1943 ansetzen. Aber diese Jahreszeit eignete sich wenig. Für den Einsatz der Klein-U-Boote war einigermaßen

gutes Wetter erforderlich (das schloß den Winter aus). Ferner brauchten sie genügend Tageslicht für die Navigation, aber auch ausreichende Dunkelheit, um den Anmarsch zu schützen (das schloß den Sommer aus). Für ein Ziel 5 Grad nördlich des Polarkreises kam deshalb nur die Zeit der Tag- und Nachtgleiche im März und September in Betracht. Genaue Termine hingen außerdem von den Mondphasen ab. Ein bisher ungelöstes Problem blieb immer noch offen: Wie sollte man die Kleinst-U-Boote in den Angriffsbereich gegen *Tirpitz* bringen? Obgleich die Boote bei 4 Knoten einen Fahrbereich von 1500 Meilen hatten, gerade genug für den Marsch zum Altafjord und zurück, waren die Lebensbedingungen so schlecht, daß die Besatzungen lange vor Erreichen des Zieles erschöpft gewesen wären. Widerstrebend mußte der »Flag Officer, Submarines«, Vice-Admiral Barry, der Admiral Sir Max Horton im November 1942 abgelöst hatte, den Admiralstab unterrichten, daß ein Angriff im Frühjahr undurchführbar sei und auf den Herbst verschoben werden müßte. Dieser Aufschub war sicherlich die bestmögliche Lösung, denn er erlaubte weitere Spezialausbildung sowie eine gründliche und nicht überstürzte Nachrichtenbeschaffung und Planung des Unternehmens. Mit Sicherheit allerdings fand das nicht den Beifall des Premierministers, der eine Lungenentzündung in Nordafrika auskurierte und sich mit dem Diktat einer Reihe von Memoranden aufmunterte, darunter eines vom 13. Februar 1943 an den »Chief of Combined Operations« (Chef des Streitkräftestabes), den »Paymaster-General«, den Ersten Seelord, den »Chief of the Air Force Staff« und den »Commander-in-Chief« (C-in-C) »Bomber Command«.

»Haben Sie alle Angriffspläne gegen *Tirpitz* in Drontheim aufgegeben? Vor 5 Monaten hörten wir viel Gerede darüber, doch es kam nichts dabei heraus. Dabei standen mindestens 4 oder 5 Pläne zur Diskussion. Es ist beschämend für uns, soll-

ten die Italiener so viel fähiger sein, im Hafen liegende Schiffe anzugreifen als wir. Was geschah mit den bemannten Torpedos und den Tauchminen?* Ich wäre Ihnen sehr dankbar, wenn Sie sich – möglichst gemeinsam – über die Lage klar würden und mir danach berichteten. Ein schrecklicher Gedanke, daß dieser Preis immer noch auf einen Gewinner wartet. Und niemand scheint sich darum zu bemühen.«
Abgesehen von dem Vorschlag, die X-Boote mit eigener Kraft nach Norwegen und zurücklaufen zu lassen, wurden 2 andere Möglichkeiten erwogen. Im ersten Fall sollten sie von norwegischen Fischkuttern, wie *Arthur*, in den Angriffsraum geschleppt werden. Das kam jedoch aus 2 Gründen nicht in Betracht: Praktische Versuche zeigten die für Schleppzwecke unzureichende Motorleistung des Kutters. Außerdem stammten die verfügbaren Boote nicht aus dem Narvikbereich und würden Verdacht erregen, da norwegische Fischereifahrzeuge sichtbare örtliche Merkmale aufweisen. Der zweite Vorschlag sah den Transport an Bord des Mutterschiffes bis in die Nähe der norwegischen Küste vor. Eine derartige Expedition müßte aber mit Sicherheit auffallen, gleichgültig, wie sorgfältig auch das eigentliche Aussetzen von Aufklärungsflugzeugen gesichert würde, und würde alle feindlichen Marinestreitkräfte gerade in dem Augenblick alarmieren, wo dies am wenigsten erwünscht wäre. Am Ende entschloß man sich, jedes X-Boot von einem großen U-Boot schleppen zu lassen. Dies könnte außerdem bei seiner Wiederaufnahme helfen und es nach dem Angriff wieder zum Stützpunkt zurückschleppen. Damit stand der Detailplanung für den Herbsteinsatz nichts mehr im Wege.
Den ganzen Sommer des Jahres 1943 über betrieben die X-Boote nun mit den Torpedoreitern in der 12. U-Bootflottille

* Wahrscheinlich ist damit die »Johnnie Walker«-Mine gemeint, die zum Einsatz gegen *Tirpitz* entwickelt, von der RAF September 1944 verwendet wurde.

zusammengefaßt, unter Cdr D. C. Ingram, DSC, RN, fleißig Spezialausbildung. HMS »Bonaventura« unter Captain P. Q. Roberts, RN, verlegte nach Loch Cairnbawn, entlegen versteckt eben nördlich von Loch Ewe. Dort fuhren die Boote Angriffe auf sorgfältig durch Netze geschützte Großkampfschiffe der Heimatflotte. Das Durchschneiden der Sperrnetze war vorher in Loch Striven geübt worden. Dabei kehrte Sub-Lt Locke im Mai, nachdem er »X-7« eine Bresche durch ein Netz geschnitten hatte, nicht wieder zurück. Das war der Anlaß zur Erhöhung der Kopfstärke der Frontbesatzungen aller X-Boote von 3 auf 4 Mann. Bei dem zusätzlichen Besatzungsmitglied handelte es sich um einen Torpedoreiter mit Spezialtaucherausbildung. Für die Überfahrt reichten 3 Mann aus, ein Offizier, ein Heizer und ein Elektriker als Mannschaftsdienstgrad. Sie hatten in erster Linie das Fahrzeug nach Abschluß der Schleppfahrt voll einsatzfähig zu übergeben. Was an Vorbereitung nur irgend getan werden konnte, geschah im Sommer 1943.

VORBEREITUNG DER UNTERNEHMUNG UND ÜBERFAHRT

»Source« war der Deckname für die Unternehmung der X-Boote gegen *Tirpitz*. Doch dieser Gesamtplan bestand in sich wiederum aus 3 vorzubereitenden Teilplänen: Unternehmung »Funnel« für den Angriff auf das Ziel im Altafjord, »Empire« für den Narvikbereich zwischen 67 und 69 Grad Nord und »Forced« für das Drontheimgebiet zwischen 63 und 65 Grad Nord. Wichtig waren nun Informationen über den Aufenthaltsort des Feindes, seine Absichten und seine Schutzmaßnahmen. Zur Beschaffung der erforderlichen Nachrichten kamen Luftaufklärung und Funkmeldungen von Mitgliedern der norwegischen Widerstandsbewegung in Betracht. Beide wurden voll ausgenutzt.

Torstein Raaby, der später als Mitglied der »Kon-Tiki«-Besatzung bekannt werden sollte, verbrachte den größten Teil des Jahres 1941 auf einer öden arktischen Insel und gab Wetterberichte, später mit einem Geheimsender in Tromsö, bevor er über Schweden nach England zu fliehen gezwungen war. Er kehrte mit dem U-Boot *Ula* nach Norwegen in die Nähe von Drontheim zurück. Von dort aus ging er zunächst nach Hammerfest, dann nach Alta. Hier verhalf man ihm zu einer Anstellung. In enger Zusammenarbeit mit 2 weiteren Norwegern, Karl Rasmussen und Harry Pettersen, sandte er täglich Funkmeldungen über die deutschen Schiffe nach London. Er war Nachbar eines deutschen Offiziers und hatte viel Spaß an der Unverschämtheit, dessen Empfangsantenne für den Betrieb seines Senders zu benutzen!
Luftaufklärung war ebenso schwierig einzurichten. Der Altafjord befand sich außer Reichweite der Flugzeuge von irgendeinem schottischen Flugplatz. Es mußte daher eine Aufklärungseinheit in Rußland stationiert werden. Die Admiralität verließ sich nur ungern auf russische Aufklärung. Fast jede Meldung und jedes Memorandum während des Krieges zeigen einen erschreckenden Mangel an russischer Zusammenarbeit, wenn es um Einrichtungen für ihre Alliierten ging, ob es sich nun um die Aufstellung einer Sanitätseinheit oder um Erholungseinrichtungen für Geleitbesatzungen in Murmansk handelte. Und nichts berechtigte zu der Annahme, daß ihre Aufklärung wirkungsvoll oder genau sein würde. Im Mai bat die Admiralität um die Einrichtung einer britischen Foto-Luftaufklärung; im Juli stimmte die Royal Air Force zu. Dank Admiral Fishers Anstrengungen in Moskau wurde die russische Genehmigung erwirkt. Eine »Mosquito«-Einheit sollte am 21. August nach Vaenga fliegen, mußte aber wegen schlechten Wetters und ausbleibender Visa der Fotografen 6 Tage warten! Sie flogen am 27. ab. Ihre Ausrüstung brachten

die Zerstörer *Musketeer* und *Mahratta* in die Kolabucht. Da sich »Mosquito«-Aufklärung als unmöglich erwies, mußten für Fotoaufklärung ausgerüstete »Spitfire« die Aufgabe übernehmen. Sie trafen am 3. September in Vaenga ein, gerade 8 Tage vor dem geplanten Auslaufen der X-Boote von Loch Cairnbawn.

Um den X-Booten sowohl genügend Dunkelheit als auch gleichzeitig ausreichendes Mondlicht für den Anmarsch durch die Fjorde zu bieten, mußte der Angriff zwischen dem 20. und 25. September erfolgen. Der 20. wurde daher als spätester Termin zum Loswerfen von den Schlepp-U-Booten bestimmt. Dazu mußte am 11. September von der Basis Loch Cairnbawn ausgelaufen werden. Am 30. August trafen HMS *Titania* unter dem Kommando von Cdr W. R. Fell, OBE, DSC, RN, als Mutterschiff der Schlepp-U-Boote in Loch Cairnbawn ein und während der nächsten 2 Tage die 6 U-Boote *Thrasher* (Lieut A. R. Hezlet, DSC, RN), *Truculent* (Lieut R. L. Alexander, DSO, RN), *Syrtis* (Lieut M. H. Jupp, DSC, RN), *Seanymph* (Lieut J. P. H. Oakley, DSC, RN), *Stubborn* (Lieut A. A. Duff, RN), und *Sceptre* (Lieut I. S. McIntosh, MBE, DSC, RN). *Satyr* und *Sea-Dog* blieben als Reserve in Scapa Flow in 24-Stundenbereitschaft. Am 1. September wurde für Loch Cairnbawn Ausgangssperre verhängt.

Alle Schlepp-U-Boote, einschließlich der Reserve-Boote, erhielten spezielles Schleppgerät und Slips. Fünf Tage vergingen mit Versuchsfahrten, Schleppen, Loswerfen und Wiederaufnehmen. Zwei verschiedene Tauarten fanden Verwendung, eine Spezialhanftrosse mit in der Mitte eingelegtem Telefonkabel als Kern und eine neue Art aus Nylon. Cameron hatte einige Schwierigkeiten, eine Nylontrosse für *X-6* zu bekommen. Am 6. September, nach abschließendem Kompensieren, wurden die X-Boote an Bord der *Bonaventura* gehievt

für letzte Vorbereitungen und die Anbringung der Seitenladungen. Jetzt waren nur noch die Besatzungen zu unterweisen.
Normale Bildaufklärung und Meldungen der norwegischen Widerstandsbewegung hielten die Admiralität über *Tirpitz*' Anwesenheit im Kaafjord sowie der in ihrer Begleitung befindlichen *Scharnhorst* und *Lützow*, letztere im angrenzenden Langfjord, gut unterrichtet. Am 7. September flogen die ersten »Spitfires« nach einigen Tagen wieder Aufklärung und meldeten *Tirpitz* und *Scharnhorst* von ihren Ankerplätzen abwesend. Sie bestätigten damit einen von Raaby empfangenen Spruch.
Eine sehr gespannte Lage für den »Flag Officer, Submarines« und den Admiralstab, denen unbekannt war, daß die beiden Schiffe zur Spitzbergenunternehmung ausgelaufen waren. Jedoch am 10. September zeigte die Luftaufklärung die großen Schiffe wieder auf ihren üblichen Liegeplätzen. Admiral Barry flog daraufhin nach Loch Cairnbawn, um ein baldiges Auslaufen der X-Boote selber in die Hand zu nehmen.
Man hatte vergeblich gehofft, daß vor Auslaufen der X-Boote noch ein *Catalina*-Flugboot mit Fotos der *Tirpitz* von Rußland eintreffen würde. So mußten alle Einzelheiten in Rußland ausgewertet und von dort durch Funkspruch übermittelt werden. Der »Flag Officer, Submarines« bemerkte jedoch dazu:
»Die Luftaufklärung dieser Einheit leistete unschätzbare Dienste. Alle aus Rußland gemeldeten Einzelheiten über die Liegeplätze der feindlichen Ziele und der Netzsperren wurden den Teilnehmern vor Verlassen des Hafens bekanntgegeben. Die ersten Fotos trafen allerdings erst wenige Stunden nach dem Auslaufen der Boote ein. Das hatte jedoch nichts weiter zu sagen, da der Funkbericht alle sachdienlichen Informationen enthielt.«

Das Datum des Loswerfens der X-Boote bezeichnete man als »D-day« (später für einen wesentlich denkwürdigeren Anlaß verwendet). Die Schlepp-U-Boote sollten nach Auslaufen aus Loch Cairnbawn unabhängig voneinander zu einer Position 75 Meilen westlich der Shetlands marschieren und dann auf Parallelkurs mit 20 Meilen Abstand voneinander bis etwa 150 Meilen westlich des Altafjords und von dort bis in Sichtweite von Land. Jedem U-Boot war ein Gebiet vor der Insel Söröy zugewiesen, um am »D-day« dort sein X-Boot eben außerhalb des Minenwarngebietes in der Abenddämmerung loszuwerfen. Anschließend hatten die Boote Anweisung, dort bis zum 27. September zu patrouillieren und dann die Bergung der zurückkehrenden Kleinst-U-Boote zu versuchen. Die X-Boote selbst sollten das Minenwarngebiet aufgetaucht durchqueren, dann durch den Stjernsund zum Altafjord laufen, sich dort am 21. tagsüber auf Grund legen und erst in der Morgendämmerung des 22. in den Kaafjord eindringen.

Am 11. September, 16.00 Uhr, liefen *Truculent* mit *X-6* und *Syrtis* mit *X-9* im Schlepp von Loch Cairnbawn aus. In Abständen von 2 Stunden folgten *Thrasher* mit *X-5*, *Seanymph* mit *X-8* und *Stubborn* mit *X-7*. *Sceptre* mit *X-10* hatte die kürzeste Strecke zurückzulegen und lief am 12. um 13.00 Uhr aus. Die ersten 4 Tage des Marsches verliefen bei gutem Wetter ohne besondere Ereignisse. Die T-Klasse lief im Schnitt 10, die S-Klasse 8,5 Knoten. Die X-Boote wurden unter Wasser geschleppt und tauchten etwa alle 6 Stunden für 15 Minuten zum Durchlüften auf.

Am 14. September trafen die »Spitfire«-Fotos in England ein. Der »Flag Officer, Submarines« war nun in der Lage, Einzelheiten der Sperranlagen zu übermitteln und den X-Booten die Ziele zuzuweisen. In Kraft trat jetzt Zielplan Nr. 4: *X-5*, *X-6* und *X-7* waren auf *Tirpitz* angesetzt, *X-9* und *X-10* auf

Scharnhorst und *X-8* auf *Lützow* im Langefjord, einem großen Seitenarm auf der Westseite des Altafjords etwa 10 Meilen von der Spitze des Kaafjords. Im August in höheren Lagen gefallener Schnee reichte inzwischen bis zu den tieferen Berghängen. Am Tage nach dem Angriff war in den niedrigen Lagen leichter Schnee gefallen. Die Abwehreinrichtungen wurden folgendermaßen gemeldet:

»Bildaufklärung bestätigt 2 einzelne Netzsperren von einer Durchschnittsbreite von 125 m, wahrscheinlich U-Bootsnetze quer über die Einfahrt zum Kaafjord, möglicherweise auf dem Grund befestigt. Nordwestende schließt an das Ufer an, 275 m breite Öffnung zwischen dem Südostende und Ufer. Doppeltes Torpedoabwehrnetz von Land parallel zu *Tirpitz*, 52 m von der Steuerbordseite entfernt, dann um den Bug herum zur Sperrlücke, deren Mitte sich 185 m nördlich des Schiffsbugs befindet. Von dort Einzelnetz zum Ufer, aufgehängt an 4 kleinen Flößen. Hier existiert keine Lücke.

Scharnhorst: doppelte Torpedonetze auf beiden Seiten, beweglicher Teil der Sperre vor dem Schiff.

Lützow: doppelte Torpedonetze, aber nicht quer zum Ankerplatz.«

Die Deutschen verfügten über Horchposten und kleine U-Jäger in den Zufahrten und hielten außerdem ein Boot mit durchgehend besetztem Unterwasserhorchgerät etwa 550 m ostsüdostwärts der Lücke in der Netzsperre bei Jemmeluftneset an der Einfahrt zum Kaafjord auf Station, das alle einlaufenden Fahrzeuge stoppte und untersuchte. Die Lücke im Torpedoschutznetz der *Tirpitz* wurde während der Nacht nach Passieren des letzten Bootes bis zum nächsten Morgen geschlossen. Während der Dunkelheit war das Unterwasserhorchgerät der *Tirpitz* besetzt. Zufällig war in der Nacht vom 21. zum 22. September die Fernmeldeverbindung zwischen *Tirpitz* und Bossekop an Land ausgefallen, so daß ständig

Boote verkehren mußten. Die Lücke blieb geöffnet und wurde die ganze Nacht über durch ein Beiboot des Schiffes bewacht, und die Unterwasserhorchwache blieb bis 06.00 Uhr am Morgen des 22. durchgehend besetzt, eine Ausnahme vom Regelzustand, die aber natürlich den Männern der X-Boote nicht bekannt sein konnte.
Die nächsten 2 Tage des Marsches, der 15. und 16., sollten für 3 der 6 X-Boote sehr ereignisreich verlaufen. Am 15., morgens 01.00 Uhr, riß die Telefonverbindung zwischen *X-8* und *Seanymph* ab. Drei Stunden später brach um 04.00 Uhr die Trosse. *X-8* tauchte 5 Minuten später auf, konnte aber trotz einer Sicht von 5 Meilen *Seanymph* nicht ausmachen. So ging *X-8* eine halbe Stunde später auf Kurs 029 Grad, Fahrt 3 Knoten mit der Hauptmaschine, geschätzte Position 69.04 Nord, 08.14 Ost. Für ein paar Stunden blieb der Bruch der Schlepptrosse auf *Seanymph* unbemerkt, bis *X-8* zum Durchlüften programmäßig hätte auftauchen müssen. *Seanymph* ging sofort mit Gegenkurs auf die Suche nach dem verlorenen Klein-U-Boot, jedoch vergeblich. Inzwischen sichtete *Stubborn* um 12.13 Uhr ein vermutlich deutsches U-Boot und tauchte für eine Stunde und 10 Minuten. Als es sicher schien, wurde wieder aufgetaucht, ohne daß aber etwas ausgemacht werden konnte. Wahrscheinlich hatte es sich um *X-8* bei der Suche nach *Seanymph* gehandelt. Um 15.50 Uhr brach die Schleppverbindung zwischen *Stubborn* und *X-7*. Doch *X-7* tauchte sofort auf und übernahm eine Ersatztrosse. Während des Leinenmanövers entdeckte *X-8* sie und schloß heran. Um 17.18 Uhr begann *Stubborn* mit *X-7* sicher im Schlepp und dem sich dankbar in der Nähe haltenden *X-8* nach *Seanymph* zu suchen. Sie hatten keinen Erfolg. Mit Einbruch der Dunkelheit gingen sie um 19.00 Uhr auf nördlichen Kurs und setzten einen Funkspruch an den »Flag Officer, Submarines« ab, der diese Information an *Seanymph* weitergab. (Für diese

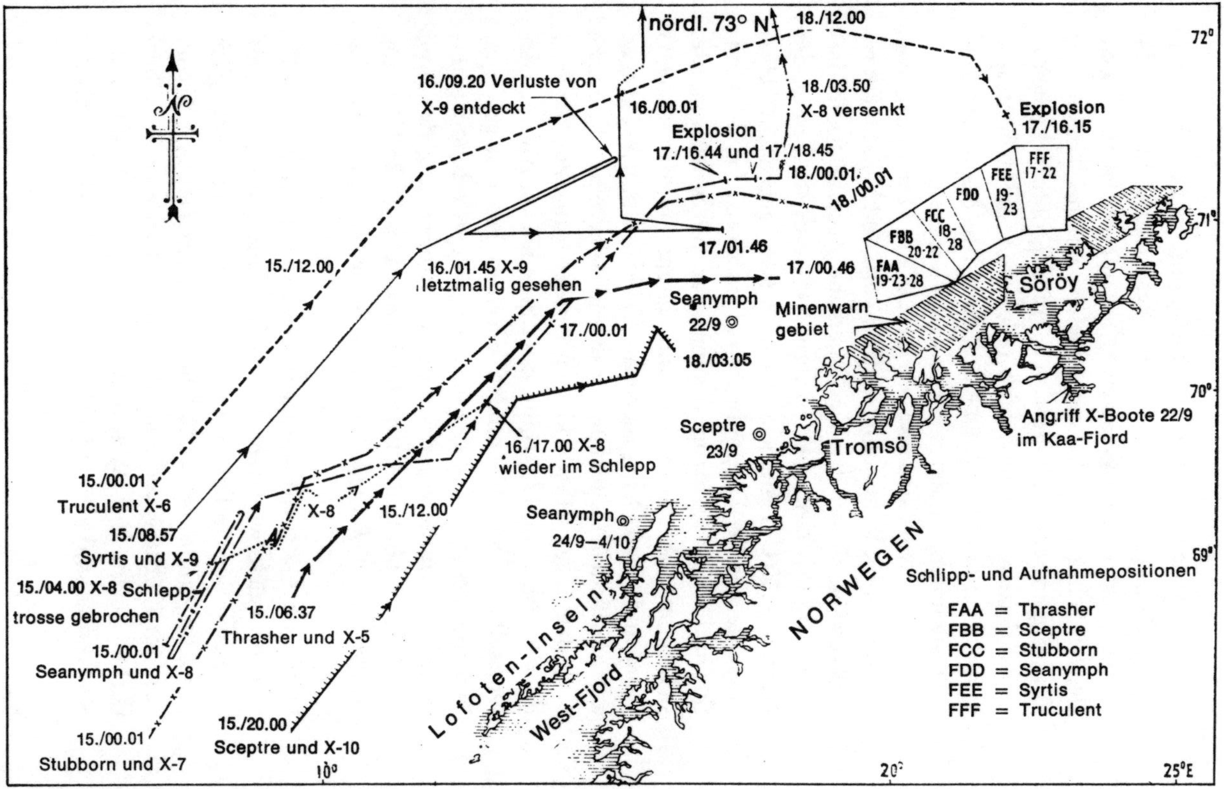

Unternehmung „Source“ vom 15. September bis 4. Oktober 1943.

Unternehmung wurden alle Funksprüche zwischen dem »Flag Officer, Submarines«, der Befehlsstelle und den U-Booten nach einem System einzelner nur einmal zu verwendender Schlüsselblocks verschlüsselt, um bei Unfall oder Aufbringung der schleppenden U-Boote größte Sicherheit zu gewährleisten. Nur die Befehlsstelle konnte die U-Bootfunksprüche ver- und entschlüsseln, während die Boote die Funksprüche untereinander nicht mitlesen konnten.)

Da falschen Kurs steuernd, verlor *X-8* um Mitternacht vom 15. auf den 16. Verbindung mit *Stubborn* und *X-7*. Durch ein Mißverständnis bei der Wachübergabe steuerte der Rudergänger der Mittelwache 146 statt 046 Grad, ein Fehler, der erst um 04.00 Uhr entdeckt wurde. Am 16., gegen 03.00 Uhr, erkannte man bei Tagesanbruch auf *Stubborn*, daß der Findling nachts vom Kurs abgekommen war. Als es heller wurde, sichtete man aber *Seanymph* und tauschte in Position 69.35 Nord und 10.16 Ost Sprüche aus. *Stubborn* und *X-7* gingen auf nördlichen Gegenkurs, während *Seanymph* die Suche nach dem eigenwilligen kleinen Bruder fortsetzte. Sie fand ihn schließlich um 17.00 Uhr, nur 2 Stunden vor Anbruch der Dunkelheit. Über 36 Stunden waren sie getrennt gewesen. Während bei gutem Wetter die neue Schleppverbindung hergestellt wurde, übernahm die Angriffsbesatzung das Boot von der erschöpften Überfahrt-Crew. Um 20.05 Uhr ging *Seanymph – X-8* wieder sicher im Schlepp – auf Kurs Altafjord.

Syrtis und *X-9* allerdings hatten nicht so viel Glück. Am 15. war die Telefonverbindung zwischen ihnen ausgefallen und hatte eine Verständigung im getauchten Zustand unmöglich gemacht. Am 16. um 01.20 Uhr, nach einer Zeit über Wasser zur Durchlüftung und Aufladung der Batterie an der Oberfläche, tauchte *X-9*. *Syrtis* erhöhte die Fahrt allmählich auf 8,5 Knoten und ging auf ONO-Kurs bis 08.55 Uhr, als das

Boot Handgranaten warf, das Auftauchsignal für *X-9*. Nichts geschah. Als man 20 Minuten später die Trosse einholte, war sie gebrochen. *Syrtis* ging auf Gegenkurs, doch dabei riß die See eine Bucht der Schlepptrosse über Bord. Erst nach mehreren Stunden konnte sie wieder aus unmittelbarer Schraubennähe entfernt werden. Eingehender Vergleich der Logbucheintragungen mit dem Bunkerverbrauch ergab, daß die Schleppverbindung mit *X-9* kurz nach dem Tauchen gebrochen war, wahrscheinlich zwischen 01.45 und 03.00 Uhr. Um 11.45 Uhr begann *Syrtis* ihren Weg wieder zurückzulaufen, geriet aber bald in den Nebel mit Sichtweiten zwischen 2 Meilen und nur 2 Kabellängen. Um 15.45 Uhr sichtete *Syrtis* eine Ölspur auf Kurs 090 Grad – dem Kurs zur Ablaufposition 200 Meilen weiter ostwärts – und folgte ihr. Von *X-9* wurde nie wieder eine Spur gefunden. Am 17. um 01.46 Uhr hatte sich *Syrtis* auf etwa 100 Meilen der norwegischen Küste genähert, ohne *X-9* zu finden, und die am weitesten vorgeschobene Position erreicht, wenn alles in Ordnung gewesen wäre. Den Marsch aufgetaucht so dicht am Feind fortzusetzen, hätte die ganze Unternehmung aufs Spiel setzen können. So lief das Boot bis 06.20 Uhr auf dem vermuteten Suchkurs zurück und drehte dann in das Seegebiet nördlich von 73 Grad Nord, wo es die Funkstille brechen konnte. Von 01.28 bis 05.54 Uhr versuchte die *Syrtis* am 18. vergeblich, einen Funkspruch an den »Flag Officer, Submarines« abzusetzen und sandte ihn schließlich über »Broadcast«.* Trotzdem kam er nicht an. Erst am 2. Oktober erfuhr »Flag Officer, Submarines«, daß *X-9* verlorengegangen war und an dem Angriff nicht teilgenommen hatte.

Natürlich sind die Gründe für den Verlust von *X-9* unbekannt, doch könnte er durch das ungewöhnliche Gewicht der

* Auf Broadcast werden in der Regel Funksprüche von Befehlsstellen an Schiffe übermittelt.

gebrochenen Schlepptrosse und den Fahrtverlust verursacht worden sein. Die Wetterbedingungen waren während des letzten Teiles des Marsches alles andere als günstig. In der achterlichen See arbeitete das Heck des schleppenden U-Bootes stark auf und nieder und belastete die Schlepptrosse erheblich. Um nicht an die Oberfläche gerissen zu werden, blieb dem X-Boot als Gegenmaßnahme nur, mit Untertrieb zu fahren und diesen, wenn nötig, mit dem Tiefenruder auszugleichen. Das Brechen der Schleppverbindung mußte nicht nur ihren Zug nach oben beseitigen, sondern durch das Gewicht der Trosse das Boot sogar noch buglastiger machen. Der Fahrtverlust mußte gleichzeitig die Wirkung der Tiefenruder noch erheblich verringern. Einmal untergeschnitten und buglastig tauchend, wäre ein X-Boot sehr schwer vor Erreichen der für den Druckkörper zulässigen Tauchtiefe abzufangen gewesen.

X-8 und *Seanymph* hatten während des ganzen 17. erneut mit Widrigkeiten zu kämpfen. Um 07.25 Uhr begann es mit dem Trimm von *X-8*. Aus der Seitenladung an Steuerbord zischte Luft heraus. Das Boot wurde bei zunehmender Steuerbordschlagseite immer schwerer, bis um 16.30 Uhr die Ausgleichzelle trocken und der Tauchtank Nr. 2 ganz ausgeblasen waren. In dieser Lage hatte der Kommandant (Lieut MacFarlane, RAN) keine andere Wahl, als die Ladung abzuwerfen. Er tat es und stellte den Zünder dabei auf *gesichert*. Doch nach einer Viertelstunde explodierte die Ladung in einer Entfernung von etwa einer halben Meile, richtete aber zum Glück keinen Schaden an. Jetzt aber verursachte der Abwurf der Steuerbordseitenladung bei *X-8* Backbordschlagseite. Ein untrügliches Zeichen für Wassereinbruch in die Backbordladung. So entschloß sich MacFarlane um 16.55 Uhr, auch diese Seitenladung auszuklinken. Durch die vorherige zu frühe Explosion gewarnt, stellte er die Zündverzögerung auf 2 Stunden, tauchte auf und warf die Ladung ab. Eindreiviertel Stunden später explodierte um 18.40 Uhr die Ladung mit gewaltiger Kraft und beschädigte *X-8* schwer, ließ den Einstiegschacht »W. D.« vollaufen, verbog die wasserdichten Türen und machte das Boot tauchunfähig, obwohl die Explosion auf 3,5 Meilen Entfernung geschätzt worden war.

Auf der um diese Zeit getauchten *Seanymph* fiel die Beleuchtung aus. Das Boot tauchte bei Anbruch der Dunkelheit auf und drehte nach längeren Versuchen, Morsesprüche zu wechseln (das Telefon war unbrauchbar), bis Tagesanbruch seewärts, übernahm dann die Besatzung und versenkte *X-8* um 03.50 Uhr in 71.41 Nord, 18.11 Ost. *Seanymph* folgte *Syrtis* bis in das Seegebiet nördlich von 73 Grad Nord, um eine Meldung an den »Flag Officer, Submarines« abzugeben. In seinem abschließenden Bericht schrieb dieser:

»Unklar ist, warum die zweite Detonation solchen Schaden auf eine Entfernung von immerhin 3,5 Meilen anrichtete, während das bei der ersten Explosion auf nur 900 m nicht der Fall war. Beide Ladungen waren auf etwa gleicher Wassertiefe geworfen worden (330 m). Möglich, daß von der ersten nur ein Teil der auf »gesichert« gestellten Ladung detonierte. Was auch der Grund gewesen sein mag, auf alle Fälle gab die zweite Explosion einen überzeugenden Eindruck von der Wirkung der Ladungen. Ich glaube kaum, daß sich die Detonation in einer Entfernung von 3,5 Meilen ereignete. Wie auch die Horizontalentfernung war, über die Wassertiefe bestehen keine Zweifel, so daß die Explosionswirkung in der Tat bemerkenswert bleibt.«

Den 18. September über schleppten die übrigen U-Boote die X-Boote planmäßig weiter. *Truculent* und *Thrasher* hatten, wenn überhaupt, nur geringe Schwierigkeiten und hatten bereits am vorherigen Tag Land in Sicht, *Sceptre* nach ebenso glatter Fahrt am 19. Dabei ist zu erwähnen, daß diese 3 Boote und ihre X-Boote die neuen Nylontrossen verwendeten. Nur die Hanftrossen verursachten Probleme und brachen. Ursprünglich sollten Angriffs- und Überfahrtbesatzungen am 17. wechseln. Wegen schlechten Wetters jedoch konnte der Austausch erst am 18. abends stattfinden, als *Stubborn* mit der schwierigen Ablösung der *X-7*-Crew begann. Die See warf das Gummidingi gegen das Klein-U-Boot und die Tauchtanks des Schleppbootes. Am Ende klappte die Übergabe an die Nachfolger doch, und die umgestiegene Überführungs-Crew freute sich auf die Annehmlichkeiten eines S-Klasse-Bootes. Aber sie waren zu optimistisch! Als *Stubborn* Fahrt aufnahm, brach die vor 3 Tagen geschorene Ersatztrosse. Eineinhalb Stunden lang taumelte Lieut Philip, SANF, der Überfahrt-Kommandant, gefährlich mit dem Dingi herum bei dem Versuch, einen 6 cm starken Draht als Schleppleine festzumachen. *Stubborn* nahm Fahrt auf, und wieder riß die Verbindung, weil der Sicherungsschäkel aufging. Philip sowie Place, der Angriffskommandant, hatten in der Kälte zu steife Finger bekommen, um den Schäkel richtig festzuschrauben. Wieder ging die Schlepptrosse mit einer Wurfleine hinüber. Am 19. um 01.25 Uhr steuerte *Stubborn* mit *X-7* im Schlepp nun endlich auf das Absetzgebiet zu. Fünf Stunden hatte das ganze Hantieren in der Dunkelheit bei rauher See und arktischer Herbstkälte gedauert. Am nächsten Tag stiegen die 3 anderen Angriffsbesatzungen glücklich auf ihre Fahrzeuge über.

Die Überführungsbesatzungen hatten großen Anteil am Gelingen der ganzen Unternehmung. Acht oder 9 Tage hatten die dreiköpfigen Crewen unter sehr harten Bedingungen gelebt, konnten nicht aufrecht stehen, sich nur an einer Stelle mehr oder minder strecken, wurden von der See und der Schlepptrosse umhergeworfen und -gestoßen. Dabei war es kalt und feucht; die Männer häufig durchgeweicht. Aber irgendwie schafften sie es, ihr Boot für die Nachfolger fahrklar zu halten. Sie hatten ihre kleinen Boote durchgelüftet, sie getrocknet, die Batterien geladen, Teile der Ausrüstung repariert und navigiert, vor allem bei gebrochener Schleppverbindung, wenn auf sich selbst angewiesen. Sie bereiteten ihre Mahlzeiten in einer Art Doppeltopf, der dem Leimtopf eines Tischlers ähnelte, mit einem elektrischen Heizelement darunter oder machten Wasser für den Kakao in einem elektrischen Kessel heiß und schliefen nach der Ablösung abwechselnd in der Koje über den vorderen Batteriezellen. Selbstlose Teamarbeit höchsten Grades!

DER ANGRIFF

In der Morgendämmerung des »D-day«, am 20. September – alle 4 Schlepp-U-Boote mit ihren zugehörigen X-Booten standen auf den vorgeschriebenen Ablaufpositionen – stiegen die Angriffs-Crewen unbehelligt um. *Seanymph* war auf eine Warteposition ca. 60 Meilen westlich des Altafjords beordert worden. Da der Verlust von *X-9* dem »Flag Officer, Submarines« unbekannt war, hatte *Syrtis* keine neuen Befehle erhalten und war auf Station in dem ursprünglich vorgesehenen Gebiet gegangen, um nach dem Angriff bei der Wiederaufnahme zu helfen. Für den Kommandanten der *Syrtis*, Lieut Jupp, sollte es eine enttäuschende Unternehmung werden. Am 19. um 18.43 Uhr hatte er ein U-Boot gesichtet, das 5 Minuten später tauchte, und am 20. um 03.00 Uhr in 71.00 Nord, 22.10 Ost sichtete er abermals ein aufgetauchtes deutsches U-Boot mit Kurs 235 Grad und 9 Knoten Fahrt in einer Entfernung von 3200 m. Aber Jupp hatte eindeutige Weisung. Um die Unternehmung nicht bloßzustellen, war es den U-Bootkommandanten untersagt, irgendwelche kleineren

Ziele als Großkampfschiffe sowohl während des Anmarsches als auch während des Wartens auf den Angriff der X-Boote anzugreifen. Jupp hatte also keine andere Wahl, als eine sichere Beute seinen Bug in einer Entfernung von 1400 m unbehelligt passieren zu lassen. »Flag Officer, Submarines« schrieb:

»Dem Ausguck unserer U-Boote ist es hoch anzurechnen, daß von den 6 nahe beieinander stehenden U-Booten, davon 4 mit X-Booten im Schlepp, keines bemerkt wurde. Eine einzige Sichtung hätte die ganze Unternehmung in Frage stellen können.«

Für *Stubborn* mit *X-7* gab es einen ereignisreichen Marsch auf die Ablaufposition. Bereits durch den Trossenbruch verspätet, sichtete *Stubborn* am 20. um 01.05 Uhr eine Mine und wich aus. Das U-Boot kam von der Mine frei, deren Ankertau sich jedoch während des Manövers in der Schlepptrosse verfing. Die Mine glitt langsam auf *X-7* zu, bis sie schließlich fest gegen den Bug des X-Bootes gedrückt wurde. Da die Trosse nur als Notbehelf diente, gab es keine telefonische Verbindung zwischen *Stubborn* und *X-7*. Place erkannte im Sehrohr, daß ein Hindernis *Stubborn* zum Stoppen veranlaßt haben mußte, stieg auf *X-7* an Oberdeck und sah nun erst die Bescherung. Zunächst versuchte er, die Trosse nach unten zu klarieren, doch das half nichts. Danach bekam er das Ankertau von der Schlepptroß frei, indem er die Mine vorsichtig mit den Füßen wegdrückte, sie schließlich mit einem Fußtritt fortstieß und dabei zu *Stubborn* hinüberrief:

»Das ist das erste Mal, daß ich jemals eine Mine an den Bleikappen weggeräumt habe!«

Peter Philip, der Kommandant während der Überfahrt, hatte von *Stubborn* aus entsetzt zugesehen, nicht nur wegen der Gefahr für *X-7*, sondern weil er Place beim Auswechseln der Crew seine Seestiefel geliehen hatte: »Es waren pelzgefütterte

Mordsdinger! Sie hatten mich bei Gieves* fünf Guineas gekostet und waren meine besten Stücke.« Place hatte sie, als er gefangengenommen wurde, immer noch an.

Am Abend des 20. September zwischen 18.30 und 20.00 Uhr warfen *X-5*, *X-6*, *X-7* und *X-10* von ihren Schlepp-U-Booten los und nahmen aufgetaucht über das erklärte Minensperrgebiet Kurs auf den Söröy Sund. Es herrschte sehr ruhiges Wetter, kalt und noch mit etwas Mondlicht. *X-6* hatte einige Schwierigkeiten wegen Vollaufens der Steuerbordladung, doch nachdem aller überflüssiger Ballast, meist Nahrungsmittel, über Bord geworfen und alle Vorräte auf die Backbordseite gestaut worden waren, hielt sich die Schlagseite zwischen 10 und 15 Grad. Das Sehrohr neigte zur Trübung und die Selbststeueranlage fiel aus, aber sonst war alles in bester Ordnung.

X-6 fuhr über Wasser, tauchte um 01.25 Uhr im ersten Licht, steuerte getaucht den Söröy Sund hinauf zur Einfahrt des Stjernsundes und näherte sich bei Anbruch der Dunkelheit Tommelholm, einer zur Brattholmgruppe gehörenden Insel vor der Einfahrt zum Kaafjord. Dort sollte das Boot sich möglichst mit den anderen treffen. *X-6* tauchte zum Aufladen der Batterien auf, mußte aber Alarm tauchen, weil sich ein Wachboot näherte. Gegen 21.00 Uhr, wieder an der Oberfläche, bereitete der Anblick von Leuchtgranaten und Scheinwerfern über dem Zerstörer-Stützpunkt bei Lieffshaven der Crew ein großartiges Schauspiel. Kurz vor Mitternacht steckte Cameron den Bug des Bootes zwischen die Felsen, um das erste Büchsenlicht abzuwarten.

X-7 hatte eine verhältnismäßig ruhige Fahrt bis zum Treffpunkt hinter sich. Um 23.15 Uhr riefen Place und Lieut Henty-Creer auf *X-5* sich noch einmal Viel-Glück zu. Das war

* In der britischen Marine allgemein gut bekanntes Geschäft für Marine-Ausrüstungsgegenstände in London.

das letzte Lebenszeichen von diesem Boot. Um 16.30 Uhr sichtete *X-7* ein großes Schiff, wahrscheinlich *Scharnhorst*, auf Nordkurs im Schutz der Aaroy Insel. Auch *X-7* verbrachte die Dunkelheit zwischen den Brattholminseln, lud die Batterien, führte abschließende Wartung durch, hatte jedoch keine Verbindung mit *X-6*.

X-10 war mit einer Störung am Sehrohrmotor übergeben worden, die schnell weiter zunahm. Dann fiel der Kreiselkompaß aus. Lieut Hudspeth suchte ein abgelegenes Versteck an der Nordseite von Stjernöy auf, um den Kreisel zu prüfen und zu reparieren. Er verbrachte am 21. den ganzen Tag mit Reparaturen, leider nur mit geringem Erfolg, nahm aber um 17.50 Uhr Kurs in Richtung Kaafjord. Um 01.35 Uhr zwang ihn ein näherkommendes Schiff zu tauchen. Der Kreisel war immer noch nicht in Ordnung und die nur von außen zugängliche Beleuchtung des magnetischen Projektionskompasses ausgefallen. *X-10* besaß nun kein Mittel mehr, um Kurs zu halten. So fuhr Hudspeth das Boot versuchsweise nach Sicht und fuhr das Sehrohr aus. Dabei brannte der Motor durch, und das Fahrzeug füllte sich mit Rauch. Hudspeth tauchte auf, um das Boot durchzulüften und lief über Wasser in Richtung auf Tommelholm zu, weil alle Mittel der Unterwassernavigation ausgefallen waren. Um 02.15 Uhr legte er sich den Tag über in 60 m Wassertiefe auf Grund. Inzwischen versuchte die Crew, die Schäden zu beheben, in der Hoffnung, ihr Ziel, die *Scharnhorst*, in der Nacht vom 22. zum 23. angreifen zu können. Als *X-10* tauchte, waren die mit Scheinwerfern angeleuchteten U-Boot-Abwehrnetze quer über die Einfahrt zum Kaafjord aus einer Entfernung von 4,5 Meilen klar zu erkennen.

Um gegenseitige Beschädigung der X-Boote zu vermeiden, war ein sorgfältig ausgearbeiteter Zeitplan festgelegt worden. Die erste Angriffsphase lief am 22. von 01.00 bis 08.00 Uhr,

Sprengzeit für jede Seitenladung eine Stunde später, also zwischen 08.00 und 09.00 Uhr. Danach ein wechselnder Zyklus von je 3 Stunden Angriffsphase und einer Stunde Sprengzeit.

X-6

Cameron plante den Angriff auf *Tirpitz* am 22. für 06.30 Uhr. Mit einer sechsstündigen Verzögerung sollte die Ladung um 12.30 Uhr während der zweiten Sprengperiode detonieren. Auf diese Weise blieb *X-6* eine ziemliche Chance zum Verlassen des Kaafjords, bevor die Explosion die Deutschen den Angriff überhaupt bemerken ließ. Cameron stellte den Zeitschalter des Zünders der (vollgelaufenen) Steuerbordladung ohne Schwierigkeiten ein. Aber der Backbordzeitschalter des Zünders funktionierte nur auf der Zwei-Stundenmarke. Der Kommandant überdachte die Lage sehr gründlich. *X-6* besaß eine vollgelaufene Steuerbordladung, die vielleicht nicht detonieren würde. Andererseits verursachte sie größte Schwierigkeiten mit dem Trimm und könnte das Boot sogar tauchunklar machen, sollte der Salzgehalt des Wassers im Kaafjord geringer als außerhalb sein. Die Verzögerungseinstellung der Backbordladung arbeitete unzuverlässig, das Sehrohr leckte und beschlug dauernd, aus dem vorderen Tauchtank entwich außerdem Luft. Im Falle eines Angriffs würde er unter Umständen *X-5* und *X-7* die Chancen verderben. Aber Cameron hatte die Boote nicht gesehen und konnte nicht wissen, ob sie noch einsatzklar waren oder nicht. Ein Aufschub würde seine Aussichten nicht verbessern. So nahm er um 01.45 Uhr Kurs auf den Kaafjord. Wetterlage: trüb, bedeckt, steife Brise, weiße Schaumköpfe – einfach ideale Bedingungen für einen U-Bootangriff.
Um 04.00 Uhr konnte Cameron durch das Sehrohr nichts erkennen. Er befahl Kursänderung nach Norden und montierte

das Okular ab, dann drehte er wieder auf Gegenkurs, um den Angriff fortzusetzen. Er fuhr das Sehrohr aus, als – wie bei *X-10* – der Ausfahrmotor durchbrannte. ERA Goddard nahm ihn ab, bekam ihn wieder hin, indem er ein Massekabel benutzte, und *X-6* setzte die Fahrt fort. Um 04.45 Uhr, kaum in der Lage, etwas zu erkennen, näherte sich Cameron dem Netz an der Einfahrt zum Kaafjord. Backbord voraus lag breit das gestoppte Wachboot bei Jemmeluftneset, dem südöstlichen Punkt an der Einfahrt zum Kaafjord. Durch ein nach Norden laufendes Fährboot war *X-6* aber gezwungen, das Wachboot sehr dicht zu passieren. Cameron änderte den Kurs auf die erhoffte Einfahrt, als er stärkere Schraubengeräusche hörte und gerade noch sah, wie ein Küstenfahrzeug vor ihm durch die Sperre ging. Das X-Boot war zu langsam und mit dem vollgelaufenen Sehrohr zu blind, um ihm getaucht zu folgen. Da packte Cameron die einzigartige Gelegenheit beim Schopfe. Er tauchte auf und fuhr mit Dieselmotor im Kielwasser des Küstenfahrzeugs, darauf vertrauend, daß niemand zu dieser frühen Morgenstunde das Boot bemerken würde. Und selbst wenn, würden sie nicht erkennen, was es eigentlich war; der Lärm des Diesels würde in dem des Küstenfahrzeugs untergehen. Nach wenigen Minuten hatte *X-6* die Sperre sicher passiert und tauchte wieder. Das Wagnis hatte sich gelohnt.

Zum dritten Male während des Angriffs holte Cameron das abgesoffene Sehrohr ein, während das Boot in 18 m Wassertiefe auf die etwa 2 Meilen weiter oberhalb im Fjord liegende *Tirpitz* zuhielt. Wieder auf Sehrohrtiefe steigend, mußten sie plötzlich auf Tiefe gehen, sonst wäre das Sehrohr an der Ankerkette eines Zerstörers abgebrochen. Der Liegeplatz der *Scharnhorst* bei Auskarneset war leer, doch *Tirpitz* lag gesichert hinter ihren Torpedoschutznetzen. In dem Fjord ankerten ferner das Werkstattschiff *Neumark*, ein Tanker, ein

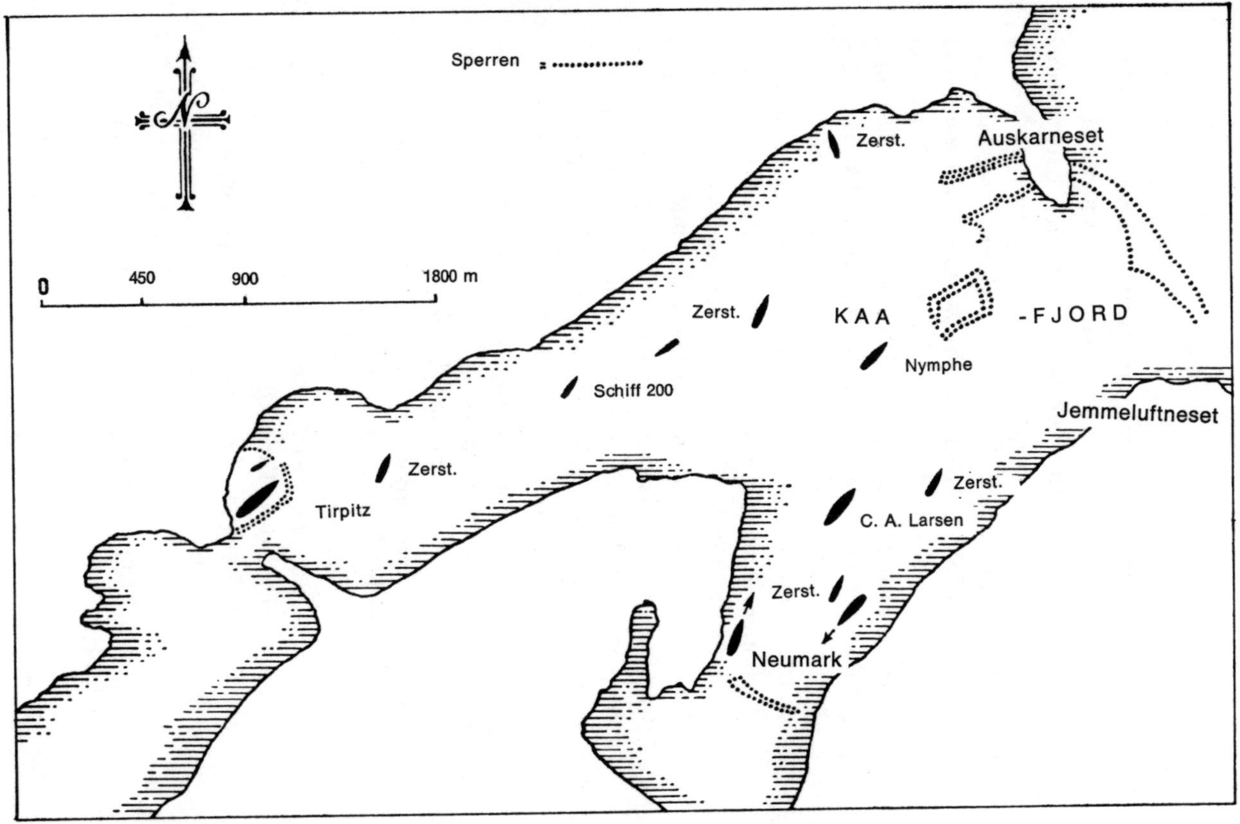

Unternehmung „Source“. Lage der Schiffe und Sperren im Kaa-Fjord aufgrund einer am 23. September — am Tage nach dem Angriff der X-Boote — geflogenen Aufklärung.

norwegisches Schiff, die Zerstörer *Z-30*, *Z-31* und *Erich Steinbrinck*, sowie das sehr alte Küstenpanzerschiff *Tordenskjöld*, von den Deutschen in *Nymphe* umbenannt und als schwimmende Flak-Batterie umgerüstet. Cameron hielt sich nach Koppelkurs unter dem nördlichen Ufer, streifte dabei einen unvermuteten Ponton und schlüpfte kurz nach 07.00 Uhr ungesehen durch die Sperröffnung im Torpedoschutznetz. Um 07.07 Uhr lief *X-6* am Westufer auf Grund und brach durch die Oberfläche. Das Boot wurde von *Tirpitz* aus gesehen, auch gemeldet, jedoch fälschlich für einen Tümmler gehalten und nicht weiter beachtet. Etwa um 07.12 Uhr kam *X-6* etwa 30 m querab *Tirpitz* erneut an die Oberfläche und wurde jetzt auch richtig identifiziert. Wieder war das Sehrohr abgesoffen. Auch der Kreiselkompaß war durch die heftige Grundberührung und die folgenden starken Ausschläge beim Tiefensteuern ausgefallen, zu denen das Boot gezwungen war. Praktisch blind tastete Cameron nach seinem Weg in die vermeintlich richtige Richtung und verfing sich, wie er glaubte, in dem *Tirpitz* an der Steuerbordseite umgebenden Torpedofangnetz. Das Boot riß sich jedoch los und tauchte unmittelbar Backbord voraus von *Tirpitz* auf, wo es mit einem Hagel von Feuer leichter Waffen und Handgranaten empfangen wurde. *X-6* war zu dicht am Schiffskörper, um von *Tirpitz'* Geschützen erfaßt werden zu können. Da kein Entkommen mehr möglich schien, vernichtete Cameron mit seiner Besatzung die Geheimsachen, während er das Boot mit Rückwärtsfahrt längsseits *Tirpitz* manöverierte und beide Seitenladungen neben dem Turm »B« ausklinkte. Dann kletterten alle aus dem Boot an Oberdeck und ergaben sich einer Verkehrsbootbesatzung, die sie nicht nur gefangennahm, sondern auch eine Leine festmachte, um *X-6* unter Land zu schleppen. Damit allerdings hatten die Deutschen keinen Erfolg. Beim Verlassen des Fahrzeugs waren vom letzten, der

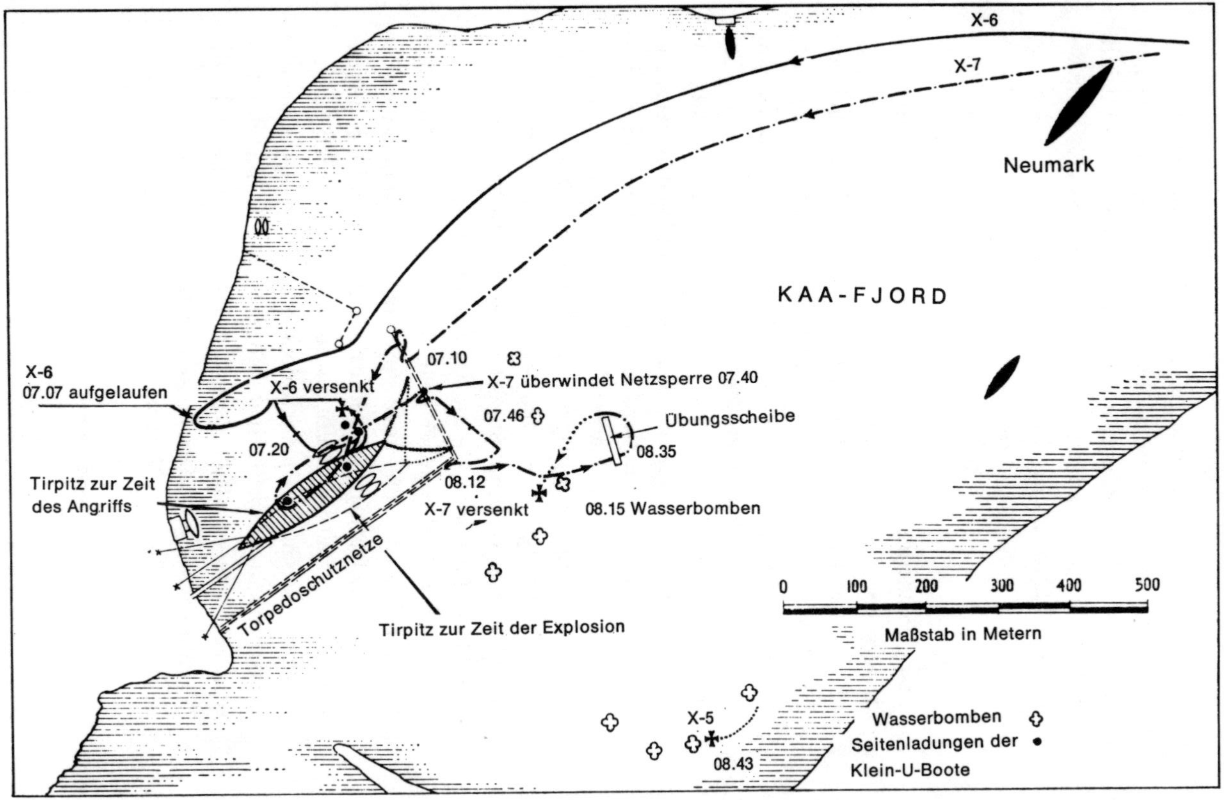

Operation „Source". Angriffe der X-Boote am 22. September 1943 auf die *Tirpitz*, nach Berichten der Kommandanten von *X-6*, *X-7* und deutschen Plänen.

herauskam, die Seeventile geöffnet und der Motor auf Rückwärtsfahrt gestellt worden. Das zwang die Deutschen zum Kappen der Schleppleine, um nicht selbst durch das sinkende *X-6* in die Tiefe gezogen zu werden. Cameron und seine Besatzung kamen an Bord der *Tirpitz*.

X-7

Fast gleichzeitig mit *X-6* bei Turm »B« klinkte *X-7* seine Ladungen etwas weiter achtern aus.
Place hatte mit *X-7* die Insel Brattholme um 00.45 Uhr, eine Stunde vor *X-6*, verlassen. Er kam um 03.50 Uhr ungesehen und ohne Zwischenfall durch die Sperröffnung am Eingang zum Kaafjord. Dann allerdings gab es Schwierigkeiten. Während der blinden und tiefen Tauchfahrt den Fjord aufwärts verfing sich *X-7* schwer in einem rechtwinkligen Netzkasten, der einen Liegeplatz in der Fjordmitte schützte.* Hier blieb das Boot eine Stunde lang verheddert. Erst nach verzweifelten Anstrengungen gelang es ihm, sich aus den Netzen zu befreien, allerdings auf Kosten des defekten Kreisels und einer ausgefallenen Trimmpumpe. Um 06.00 Uhr kam *X-7* frei, und Place entschied sich, die das Ziel umgebenden Torpedoschutznetze in erheblicher Tiefe zu untertauchen. Das stellte sich aber als ein wenn auch durchaus verständlicher Fehler heraus. Feindaufklärung und Erfahrung hatten Place annehmen lassen, daß die Netze bis auf etwa 18 m Tiefe reichen würden. Tatsächlich jedoch deckte ein weiteres Netz den Zwischenraum bis zum Grund ab. Und wieder hing das Boot fest, arbeitete sich aber heraus, durchbrach unbemerkt die Wasseroberfläche und mußte nochmals tauchen, wobei es erneut in 29 m Tiefe im Netz festkam. Die sprunghaften Manö-

* Wahrscheinlich für *Lützow* vorgesehen, wurde der Liegeplatz jedoch niemals benutzt beobachtet.

ver machten den Kreisel gänzlich unbrauchbar. Place ließ daher das Boot langsam an die Oberfläche kommen, um seinen Standort festzustellen. Dabei hatte er »ungewöhnliches Glück« (Places eigener Bericht), *X-7* war vom Torpedoschutznetz freigekommen und befand sich bereits innerhalb der Sperre, die *Tirpitz* nur 27 m direkt voraus. Place ging auf 12 m Tiefe. Als er in Höhe des Turmes »B« gegen das Schlachtschiff stieß, klinkte er die erste Ladung unter dem Kiel aus. Dann ging er auf 18 m und nach einer Kehrtwendung und Rückwärtsfahrt von etwa 55 m setzte er die zweite Seitenladung ab, als er nach Schätzung in der Nähe des Turmes »C« war. Die ersten gegen *X-6* geworfenen Handgranaten wurden gehört, als *X-7* gegen die *Tirpitz* stieß. Demnach muß Place die erste Seitenladung gegen 07.23 Uhr und die zweite einige Minuten später ausgeklinkt haben.
Nach Ablegen beider Seitenladungen ging *X-7* auf 30 m und änderte Kurs, um durch dieselbe Sperrlücke zu entkommen, durch die der Einbruch gelungen war. Aber der Kompaß arbeitete immer noch nicht, so daß sich das Boot ohne Möglichkeiten der Kursermittlung wieder im Netz verfing. Eine Dreiviertelstunde lang versuchte Place, sich mit Motorkraft und Anblasen der Tanks zu befreien, doch hing er immer wieder fest. Um 07.40 Uhr durchbrach *X-7* die Oberfläche und erhielt Gewehr- und MG-Feuer. Nun wenigstens vom Netz frei, legte es sich in 37 m auf Grund. Bei Fahrtaufnahme immer noch blind, kam *X-7* abermals Steuerbord voraus von *Tirpitz* im Netz fest, bis um 08.12 Uhr die Erschütterung einer schweren Explosion das Boot befreite. Place ging wieder auf Grund, um den Schaden zu untersuchen. Der Druckkörper war zwar noch intakt, doch die Schäden an der Maschinenanlage machten den Versuch zum Rückmarsch unmöglich. Place tauchte daher dicht neben einer Scheibe für Schießübungen auf, kletterte unter einem Feuerhagel auf das

Oberdeck hinaus und schwenkte seine Jacke als Übergabezeichen. Er hatte gerade noch Zeit, auf das Übungsziel zu springen, als *X-7* um 08.35 Uhr neben ihm mit vollaufenden Tauchtanks sank.
Place wurde gefangengenommen. Fast 3 Stunden später gelang Sub-Lieut Aitken der Ausstieg, seine beiden Kameraden Sub-Lt Whittam und ERA Whiteley konnten ihm aber nicht mehr folgen und fielen. Ihr Sauerstoffvorrat war verbraucht, ehe sie aus dem Luk herauskommen konnten. Sie hatten alle drei während des Wassereinbruchs überwiegend den Sauerstoff ihrer Tauchretter atmen müssen, da sich aus dem einströmenden Wasser in Verbindung mit der Batteriesäure Chlorgas entwickelte, genau wie auf *X-3* im vergangenen November.

TIRPITZ

An Bord der *Tirpitz* hatte der Tag ganz wie gewöhnlich begonnen. Um 05.00 Uhr war die Unterwasserhorchwache beendet worden, und die Wartung der Geräte hatte begonnen, als um 07.07 Uhr kurz ein Objekt gesichtet wurde, das man fälschlich für einen Tümmler hielt und unbeachtet ließ. In Wirklichkeit war es *X-6*, das gerade innerhalb des Torpedonetzes auflief. Um 07.12 Uhr identifizierte man *X-6* richtig, als es etwa 70 m Backbord querab durch die Wasseroberfläche brach (nach einem Vermerk im Logbuch der *Tirpitz* sind die Zeiten zwischen 07.10 und 07.30 Uhr ungenau angegeben) und das Motorboot an der Gangway gleichzeitig mit der Alarmierung des Schiffes durch Alarmglocke besetzt wurde. Anscheinend löste ein falsches Signal mit der Alarmglocke zunächst einige Verwirrung aus. Statt »U-Bootgefahr« wurde »Schotten dicht« gegeben, so daß die tatsächliche Bedrohung der *Tirpitz* dem größten Teil ihrer Besatzung unbekannt war.

Die Flak wurde besetzt, aber *X-6* war zu dicht am Schlachtschiff und seinen Begleitfahrzeugen, um das Feuer eröffnen zu können. Das X-Boot wurde beim Tauchen und einige Minuten später gesehen, als es wieder an die Oberfläche kam und das Motorboot der *Tirpitz* längsseits ging, die Crew übernahm und *X-6* in Schlepp zu nehmen versuchte. Um 07.36 Uhr waren alle Schotten dicht und die Gefangenen an Bord gebracht. Ihr ganzes Verhalten ließ die Deutschen auf eine erfolgreiche Durchführung ihrer Aufgabe schließen. *Tirpitz* machte Dampf auf. Um 07.40 Uhr sichtete man ein zweites Klein-U-Boot außerhalb der Torpedo-Netzsperre. Es handelte sich um *X-7*, das zu seinem Rückweg durchbrechen wollte. Die Flak eröffnete das Feuer, Handgranaten wurden geworfen, und die Zerstörer *Z-27* und *Z-30* erhielten Anweisung, Wasserbomben zu werfen. Die Einfahrt zum Netzkasten wurde geschlossen.
Als *X-6* dicht neben *Tirpitz* gegen 07.30 Uhr sank, wollte Kapitän zur See Meyer mit dem Schlachtschiff so schnell wie möglich auslaufen, um allen etwa von *X-6* noch herrührenden Gefahren zu entgehen. Schon bereiteten sich Taucher auf die Suche nach Haftminen am Schiffskörper vor, und eine Stahlleine sollte am Schiffsboden entlanggezogen werden. Aber die Sichtung von *X-7* außerhalb der Netze veranlaßte Kapitän Meyer zur Änderung seiner Absicht. Offenbar drohte Gefahr im Fjord, und er konnte nicht feststellen, ob die Angreifer über bewegliche Torpedos oder nur über irgendeine Art von Haftminen verfügten. Außerdem wäre *Tirpitz* wahrscheinlich erst nach mindestens einer Stunde auslaufbereit gewesen. Nach Sichtung von *X-6* an Backbord war mit Sprengkörpern an dieser Seite zu rechnen. Daher verholte *Tirpitz* das Vorschiff mit Hilfe ihrer Anker und Spills nach Steuerbord herüber. Da mit Stahltrossen an Land festgemacht, ließ sich das Heck nicht von der Stelle bewegen.

Um 08.12 Uhr ereigneten sich fast gleichzeitig 2 schwere Explosionen, hoben *Tirpitz* mehrere Fuß hoch an und richteten sehr erhebliche Schäden an. Das ganze Lichtnetz und ein großer Teil der Stromversorgung fielen aus, und das Schiff bekam durch Wassereinbruch im Generatorraum Nr. 2 und angrenzenden Abteilungen leichte Backbordschlagseite. Einige Minuten später tauchte ein zweites Klein-U-Boot auf *(X-7)* und wurde unter Feuer genommen. Dabei verließ ein Besatzungsmitglied das Boot und sprang auf das Schießübungsziel. Als das U-Boot sank, warf *Z-27* in der Nähe 5 Wasserbomben. Um 08.43 Uhr wurde noch ein weiteres U-Boot etwa 600 m ab, weit an Steuerbord voraus von *Tirpitz* gesichtet. Schwere und leichte Flak eröffneten das Feuer. Nach einigen beobachteten Treffern verschwand das wahrscheinlich beschädigte Kleinst-U-Boot wieder. An dieser Stelle warf 2 Minuten später ein Zerstörer einen Teppich von 5 Wasserbomben. Es muß sich um *X-5* gehandelt haben. Das ist aber auch alles, was von dem Boot bekannt ist, seit sich Place und Henty-Creer am 20., um 23.15 Uhr, 33 Stunden zuvor, vor Söröy gegenseitig Glück gewünscht hatten. Wahrscheinlich wartete Henty-Creer vor einem Versuch zur Überwindung der Netze auf die nächste im Plan vorgesehene Angriffsperiode nach 09.00 Uhr.*

Tirpitz hatte schweren Schaden genommen. Im Schiffsboden, der Knickungen und Verformungen vom Kiel bis zu den Außenbordsöffnungen aufwies, waren Risse. Generatorraum Nr. 2 war vollgelaufen. Alle anderen Generatoren waren durch Erschütterungen ausgefallen, so daß es im Schiff 2 Stunden lang keinen Strom gab. Dadurch wiederum konnten die Kessel nicht angezündet werden, und das Auslaufen des Schiffes war unmöglich. Ein großer Teil der Maschinenanlage

* Siehe Anhang 10.

war durch Stauchungen in den Fundamenten außer Betrieb gesetzt worden. Die Schraubenwellen ließen sich nicht drehen. Die Türme »A« und »C« waren aus den Schwenk-Lagerungen gesprungen und vorübergehend unbrauchbar. Die Backbord III. Zwillingsflak klemmte, Entfernungsmeß- und Feuerleitgeräte waren schwer beschädigt, Funk- und Radargeräte unbrauchbar. Zwei Flugzeuge waren schwer beschädigt und das Backbordruder außer Betrieb gesetzt.
Karl Junge und *Watt*, 2 Stromversorgungsschiffe, eilten dem Schlachtschiff zu Hilfe; die *Watt* traf, vom Langefjord kommend, nachmittags ein. Am 25. September ordnete die deutsche Seekriegsleitung mit Genehmigung des Führers und des Oberbefehlshabers der Kriegsmarine die Instandsetzung in einem nördlichen Hafen an. Man war sich jedoch im klaren, daß *Tirpitz* wahrscheinlich niemals wieder volle operative Verwendungsfähigkeit erreichen würde.
Am 24. September bei Tagesanbruch begannen die Schlepper *Arngast* und *Bardenfleth* nach dem X-Boot 680 m Steuerbord voraus von *Tirpitz (X-5)* zu suchen. Aber 3 Tage später fand die *Arngast* nur die Überreste von *X-7* etwa 370 m von dem Schlachtschiff entfernt, mit Schlagseite und offenem Luk auf dem Grund liegend; das Vorschiff hatten Wasserbomben abgerissen. Die Hilfe eines norwegischen Spezialtauchers wurde abgelehnt, wahrscheinlich aus deutscher Sicht eine sehr verständliche Entscheidung. Das Kleinst-U-Boot wurde dann am 11. Oktober an der Ostseite von Straumneset auf Strand gesetzt und die gefundenen Unterlagen nach Deutschland gesandt. Eine Woche später entdeckte man das Wrack von *X-6* und hob das Heck. Der Rest war völlig zerstört und rechtfertigte keine weiteren Bemühungen. Die Suche nach *X-5* wurde am 12. Oktober eingestellt.

X-10 lag am 22. September tagsüber auf dem Grund bei Tommelholm und versuchte, seine Schäden zu beheben. Um 08.15 Uhr hörte man 2 sehr schwere Explosionen, 5 Minuten danach eine unregelmäßige Folge von Detonationen, die sich später vormittags noch zweimal wiederholten. Bei Sonnenuntergang waren die Schäden von *X-10* noch nicht behoben. Mit dem beschädigten Fahrzeug einen bereits alarmierten Feind anzugreifen, würde praktisch Selbstmord bedeuten. Hudspeth tauchte daher um 18.00 Uhr auf, und *X-10* begann den Rückmarsch.* Um 18.25 Uhr stellte man die Zünder beider Seitenladungen auf »gesichert« und versenkte sie in 40 m Wassertiefe, wo sie im Gegensatz zu den Erfahrungen von *X-8* nicht unvorschriftsmäßig detonierten. Gegen Mitternacht stand das Boot am Westende des Stjernsundes. Da es für die Überquerung des Minenwarngebietes während der Dunkelheit zu spät war, kehrte Hudspeth zum vergleichsweise sicheren Smalfjord an der Nordseite der Insel zurück und traf dort um 02.15 Uhr ein. Da der Fjord völlig verlassen war und häufige Schneeschauer vorherrschten, blieb er den ganzen Tag über an der Oberfläche und machte an Land fest. Sie ersetzten die Beleuchtung des Projektionskompasses, verriegelten das Sehrohr in ausgefahrener Position, schließlich tauchten sie am 23. um 11.00 Uhr und nahmen Kurs auf das Minenfeld. Um 18.00 Uhr tauchten sie auf und erreichten den Treffpunkt (FB) gegen 23.00 Uhr. Eineinhalb Tage lang, teils aufgetaucht, teils unter Wasser, versuchte Hudspeth ohne Erfolg, in dem Gebiet Verbindung mit einem Schlepp-U-Boot aufzunehmen. Am 25. um 04.30 Uhr setzte er Kurs auf

* Tatsächlich hätte *X-10* die *Scharnhorst* nicht gefunden, denn sie war am 21. zu einer Schießübung ausgelaufen und von *X-7* vor der Insel Aaroy während eines Anlaufs gesichtet worden. Als der Anschlag auf *Tirpitz* bekannt wurde, leitete man *Scharnhorst* in den Langefjord um.

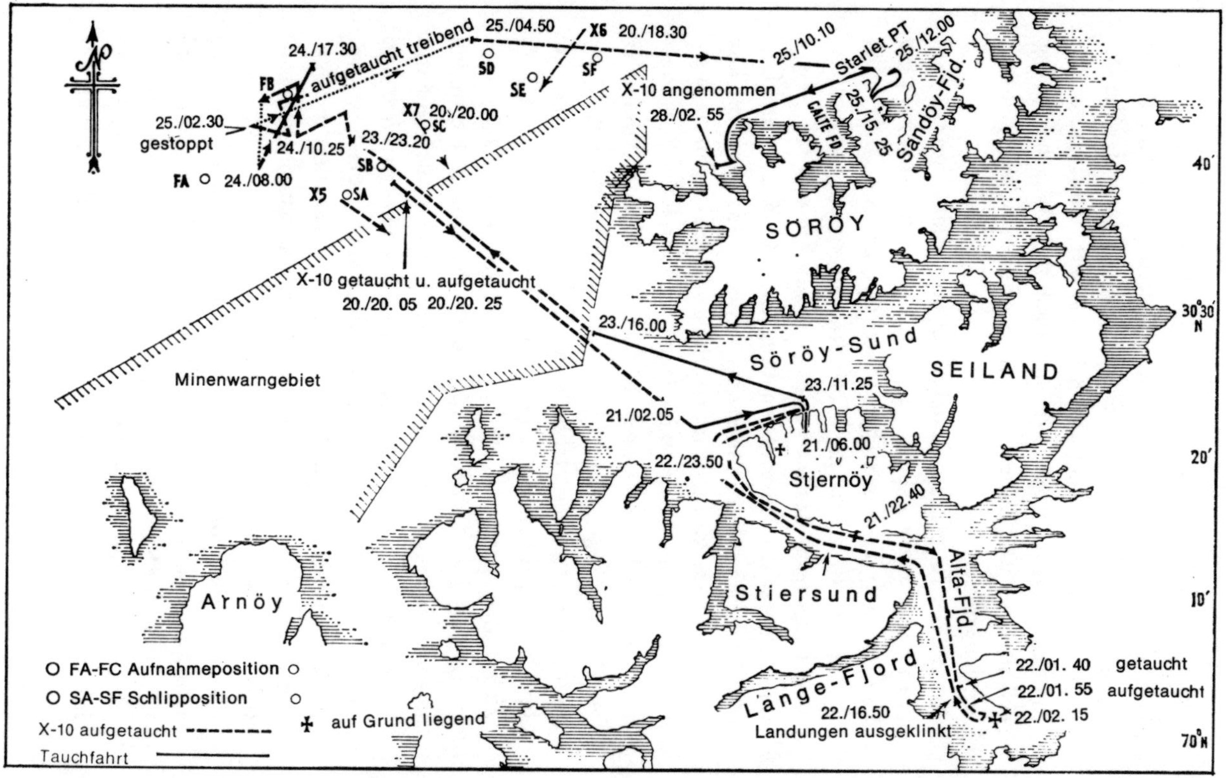

Unternehmung „Source“. Ansteuerung des Kaa-Fjords durch „*X-10*“ zwischen dem 20. und 28. September 1943.

den Sandöyfjord ab und machte in der Abenddämmerung am Ufer des Ytre Rappafjords fest. Hier erholte sich die Besatzung und machte Reinschiff. Sie litten alle unter der starken Kälte. George Harding zog 6 Hosen aus, dann gab er das Zählen auf, doch fühlten sie sich nach dem Waschen in der eiskalten See und Zubereitung einer warmen Sondermahlzeit wieder wohler.
Am 27. bei Tagesanbruch lief *X-10* wieder aus, diesmal zum etwa 20 Meilen westlich gelegenen O-Fjord, wo abends ein U-Boot zum Treffen stehen sollte. Am 28. um 00.55 Uhr, 5 Minuten, bevor sie die Hoffnung aufgegeben und auf eigene Faust nach Rußland oder Island laufen wollten, zeigte ihr Peilgerät die Infrarotstrahlung eines U-Bootes an. Um 01.50 Uhr hing *X-10* bereits im Schlepp von *Stubborn*. Die aufkommende Morgendämmerung und verschlechterte Wetterbedingungen verhinderten einen Austausch der Besatzungen. Erst am 29. September, 22.00 Uhr, 10 Tage nachdem er von Sub-Lt Page, seinem Überfahrtskommandanten, übernommen hatte, übergab Hudspeth *X-10* wieder an Peter Philip, den ursprünglichen Überfahrtskommandanten von *X-7*. 25 Stunden später, am 30. um 23.30 Uhr, brach die Verbindung zwischen *Stubborn* und *X-10*. Erst nach 4 Stunden konnte *Stubborn* die Fahrt fortsetzen, wenn auch nur mit 3 Knoten Fahrt. Am folgenden Tage erhielten *Truculent* und *Syrtis* Anweisung, dazuzustoßen, doch mußte der Kurs wegen einer geplanten Flottenunternehmung geändert werden. Am 2. Oktober besserte sich das Wetter, so daß die Fahrt auf 6 Knoten vermehrt werden konnte. Doch am 3. um 12.30 Uhr brach erneut die Schleppverbindung, die gegen 17.00 Uhr nochmals wiederhergestellt war. Aber bereits um 18.07 Uhr ging eine Sturmwarnung des »Flag Officer, Submarines« ein mit der Weisung an Lieut Stuff auf *Stubborn*, die Überfahrtbesatzung zu übernehmen und *X-10* nach eigenem Er-

messen zu versenken. Sehr widerstrebend nur akzeptierte Stuff diese Entscheidung als richtig und versenkte um 20.45 Uhr *X-10* in 66.13 Nord, 04.02 Ost. Der erwartete Sturm setzte erst 2 Tage später ein, als die U-Boote alle sicher in Lerwick eingetroffen waren.

DIE SCHLEPP-U-BOOTE

Außer *Seanymph*, die im Westen auf Wartestellung bleiben sollte, blieben die anderen 5 Schlepp-U-Boote nach Entlassung ihrer X-Boote innerhalb ihrer Gebiete. In der Hoffnung, irgendwelche feindlichen Schiffe nach dem Angriff der Kleinst-U-Boote auf dem Marsch vom Altafjord nach Narvik abzufangen, befahl der FOS der *Seanymph*, das Gebiet zu wechseln und vor Andöy zu patrouillieren. *Sceptre* erhielt Befehl, vor Kvalöy, außerhalb Tromsö, Position zu beziehen. Leider traf sie etwas zu spät ein, um *Lützow* bei der Verlegung nach Süden noch in Sicht zu bekommen. Die 4 restlichen U-Boote wurden umbeordert, um die seewärtige Seite von Söröy außerhalb der Minenwarngebiete zu decken. Sie blieben vom 23. bis 27. dort, um zu versuchen, eines der zurückkehrenden X-Boote aufzunehmen, übrigens unbehelligt von deutscher U-Jagdtätigkeit. Ein Zeichen dafür, daß die Deutschen nicht erkannt hatten, auf welchem Wege die X-Boote in den Altafjord gelangt waren. Ein Luftangriff auf den russischen Stützpunkt Polarnoje auf der Kolahalbinsel am 24. läßt vermuten, daß die Deutschen annahmen, die Boote wären ohne Unterstützung von dort gekommen. Am 27. und 28. suchten die U-Boote nachts vor Söröy, wo *Stubborn* am 27. *X-10* im O-Fjord fand. Am 29. morgens brachen sie getrennt nach Lerwick auf und trafen dort zwischen dem 3. und 5. Oktober ein. *Sceptre* und *Seanymph* blieben bis zum 4. Oktober ohne Zwischenfall auf Position und waren beide am 7. zurück in Lerwick.

So endete der erste Angriff britischer Klein-U-Boote, der erste erfolgreiche Versuch, *Tirpitz* zu versenken oder zu beschädigen. Von den 6 ausgelaufenen X-Booten kehrte keines in die Heimat zurück (übrigens waren das die einzigen X-Boote, die bei einer Unternehmung verlorengingen). Zum Glück gab es nur geringe Verluste. Drei Mann gingen während der Anreise auf *X-9* verloren, *X-8* wurde ohne Verluste versenkt. Von *X-5*, *X-6* und *X-7*, alle zum Angriff auf *Tirpitz* angesetzt, fielen 6 Mann, 6 wurden gefangengenommen und kehrten nach dem Krieg heil zurück. *X-10* wurde ohne Verluste auf dem Rückmarsch versenkt.
Der Angriff hatte ungeheueren Erfolg. Bei Verlust von nur 9 Mann und 6 Gefangenen hatte das Schlachtschiff sehr schwere, vielleicht sogar irreparable Beschädigungen erlitten, war für 6 Monate außer Gefecht gesetzt, und die Moral der Besatzung war untergraben. Lieut Cameron und Place erhielten beide das Victoriakreuz, die Sub-Lts Aitken *(X-7)*, Lorimer und Kendall *(X-6)* wurden mit dem DSO und ERA Goddard *(X-6)* mit der »Conspicuous Gallantry Medal« ausgezeichnet. Lieut Hudspeth *(X-10)* und Lieut Duff *(Stubborn)* erhielten das DSC und die Überfahrtkommandanten Lieuts Terry-Lloyd *(X-5)*, Wilson *(X-6)*, Philip *(X-7)*, Smart *(X-8)* und Sub-Lt Page *(X-10)* sämtlich das MBE.
Abschließend schrieb Admiral Barry in seinem Bericht über die Unternehmung »Source« im Hinblick auf die Lieuts Henty-Creer, Cameron, Place und die Besatzungen der Boote *X-5*, *X-6* und *X-7*:
»Ohne jeden Zweifel haben diese tapferen Männer, deren kühner Angriff mit Sicherheit in die Geschichte als einer der mutigsten aller Zeiten eingehen wird, in unmittelbarer Feindnähe ein Höchstmaß an Mut und Einsatzbereitschaft bewiesen.«

Kapitel IV: Angriffe der Marineflieger

Den ganzen Winter 1943/44 über arbeiteten die Deutschen im Kaafjord mit Werftarbeitern des Werkstattschiffes *Neumark* an der Instandsetzung der *Tirpitz*. Die Seekriegsleitung untersuchte die Gründe des unzureichenden Schutzes des Schlachtschiffes und gab am 22. November 1943 folgende Beurteilung heraus:

1. Die Abwehrmaßnahmen waren unzulänglich, mögliche U-Bootangriffe zu wenig berücksichtigt. Die Seekriegsleitung hat eine hohe Meinung von britischer Initiative in bezug auf Entwicklung und Einführung spezieller Angriffsmethoden auf lohnende Ziele.

2. Die Öffnung der Netzsperren darf nur erfolgen, wenn unbedingt notwendig. Normaler Bootsverkehr ist außerhalb der Netzsperre abzuwickeln. Verstärkung der Netze, der Sperren im Fjord, ständige Kontrollfahrten zur U-Bootabwehr und Unterwasserhorchwache sind notwendig. U-Jagd-Fahrzeuge sind in ständiger Sofortbereitschaft zu halten.

3. Die Schwierigkeiten der Verteidigung in Feindesland werden berücksichtigt. Ständiger Standortwechsel ist wesentlich, um Meldungen der Widerstandsbewegung, die, wie bekannt, den Angriff ermöglichten, zu entwerten. Wenigstens muß das Schiff in unregelmäßigen Abständen für einen Tag oder mehr verlegt werden. (Dabei wurde fortwährend

geklagt, daß *Tirpitz* wegen Treibstoffmangels zur Untätigkeit verurteilt sei.)
4. Durch Inaktivität ausgelöste Monotonie und abgesunkene Moral müssen überwunden werden.
5. Die mit Torpedoreitern vor Drontheim sowie die von Japanern und Italienern gesammelten Erfahrungen müssen für Gegenmaßnahmen ausgenutzt werden. Der deutsche Nachrichtendienst wußte, daß X-Boote gebaut worden waren. (Die Italiener scheinen den eigentlich mit Torpedoreitern geplanten Angriff auf Palermo im Januar 1943 mit Klein-U-Booten durchgeführt zu haben. Trotzdem und trotz der nachrichtendienstlichen Kenntnis ihrer Existenz scheint *Tirpitz* nicht gewarnt worden zu sein.)
6. Gefordert wird verstärkter Schutz gegen Flugzeuge. Eine kleine Vorwarnung, daß gerade die letzte Forderung besonders wichtig werden könnte, unterstrich bereits in der Nacht vom 10. zum 11. Februar 1944 ein Angriff 15 russischer Flugzeuge mit je einer 900 kg-Bombe auf *Tirpitz*. Aber nur 4 fanden den Kaafjord, erzielten jedoch keinen Treffer, obwohl ein Wurf als knapp verfehlt gewertet wurde.
Am 15. März 1944 hatte *Tirpitz* alle ohne Trockendock möglichen Reparaturen durchgeführt und führte 14 Tage lang Probefahrten durch, wobei sie eine Geschwindigkeit von 27 Knoten erreichte. Die Besatzung fühlte, daß nun Erfolge von ihr erwartet wurden, sei es auch nur, um *Scharnhorst* zu rächen, die von Admiral Bruce Fraser, dem »Commander-in-Chief« der »Home Fleet« auf »Duke of York« mit den zu seinem Verband gehörenden Kreuzern und Zerstörern am 26. Dezember 1943 bei einem Angriffsversuch auf den Geleitzug »JW 55 B« versenkt worden war. Auf *Tirpitz* erkannte man die aufklärenden britischen »Spitfire« und wußte, daß sie das Schiff beobachtet hatten. Beide Seiten waren sich im klaren, daß sich in Kürze etwas ereignen würde.

Die Admiralität und der »CinC« hatten sich Anfang April zu einem Angriff der Marineflieger auf *Tirpitz* entschlossen, sobald der Flugzeugträger *Victorious* seine Werft-Probefahrten beendet hatte. Als Datum wurde der 4. April bestimmt. Der Angriffsverband sollte von Vice-Admiral Sir Henry Moore geführt werden. Die Flugzeuge führten vorher Angriffsübungen gegen Ziele in Loch Eriboll durch.
Die Großkampfschiffe der »Home Fleet« liefen am 30. März als Kampfgruppe I aus, angeblich, um das Geleit »JW 58« auf dem Wege nach Rußland zu sichern, gleichzeitig aber, um danach mit der aus einer Gruppe von Geleitträgern bestehenden Kampfgruppe II zusammenzutreffen, die bereits unterwegs war. Kampfgruppe I bestand aus *Duke of York* (CinC), *Anson* (Vice-Admiral Moore), *Victorious* und *Belfast* mit den Zerstörern *Onslaught, Javelin, Piorun, Sioux* und *Algonquin*, die zur Beölung zu den Färöern entlassen und von *Milne, Meteor, Matchless, Marne, Ursa* und *Undaunted* abgelöst wurden. Kampfgruppe II bestand aus *Royalist* (Rear-Admiral Bisset, RA Geleitträger), *Searcher, Emperor, Pursuer, Fencer, Furious, Sheffield* und *Jamaica* mit den Zerstörern *Virago, Verulam, Vigilant, Swift* und *Wakeful* sowie den Tankern *Blue Ranger* und *Brown Ranger*. Sie verließ Scapa Flow einige Stunden später mit direktem Kurs zum Treffpunkt. Unterwegs schlossen die auf den Färöern beölten Zerstörer heran. Bei steifem nördlichem Wind konnten die Tanker nur schwer die vorgesehene Geschwindigkeit von 13 Knoten einhalten.
Am Morgen des 1. April kam Admiral Fraser zu der Überzeugung, daß ein ernstlicher Angriff auf das Geleit durch Überwasserstreitkräfte wenig wahrscheinlich sei. Da ideales Flugwetter herrschte, verlegte er den Angriff auf *Tirpitz* um

24 Stunden vor und setzte um 11.21 Uhr einen entsprechenden Funkspruch ab, mit dem er den Treffpunkt von 72.30 Nord, 13.00 Ost, auf einen Punkt 75 Meilen südwestlich davon verlegte. Rear-Admiral Bisset erhielt den Spruch um 14.35 Uhr und ging sofort mit Kampfgruppe II auf Höchstfahrt von 17 Knoten. Er entließ die Tanker, gesichert durch *Piorun* und *Javelin*, zu einem Punkt etwa 300 Meilen nordwestlich des Altafjords. Dort sollten sie bei Bedarf für die Beölung von Zerstörern bereitstehen. Am nächsten Morgen fiel auf *Pursuer* um 06.50 Uhr die Ruderanlage aus. Beinahe hätte dies zu einer Kollision geführt, da der Verband gerade Kurs änderte und durch eine Schneebö plötzlich blind war. *Pursuer* war jedoch um 07.25 Uhr wieder auf Kurs. Am 2. April nachmittags trafen sich die Kampfgruppen I und II. Um 16.20 Uhr lief Admiral Fraser mit *Duke of York, Matchless* und *Marne* nach Nordwesten, während Vice-Admiral Moore den restlichen Verband nach Osten zur Abflugposition etwa 120 Meilen westlich des Altafjords führte. Der Verband *Tungsten* wurde nun in den Verband »7« aus *Anson, Victorious, Furious, Jamaica* und 6 Zerstörern sowie Verband »8« aus *Royalist, Sheffield* und die 4 Geleitträger *Emperor, Searcher, Fencer* und *Pursuer* mit ebenfalls 6 Zerstörern umgruppiert. Bei Tagesanbruch des 3. April stand der noch immer unerkannte, zusammengefaßte Verband in Position »PP«, 71.30 Nord, 19.00 Ost zum Start bei idealen Wetterbedingungen. In Scapa Flow war eine gut durchdachte Funkorganisation aufgebaut worden und simulierte die andauernde Anwesenheit der Flotte. Dazu benutzte man die richtigen Sendertypen und sandte Scheinfunksprüche, während auf See Funkstille herrschte. Zwei Tage zuvor hatte *Victorious* wohlweislich davon Abstand genommen, das weiter im Osten, außer Sicht befindliche deutsche Routine-Aufklärungsflugzeug mit Jägern anzugreifen.

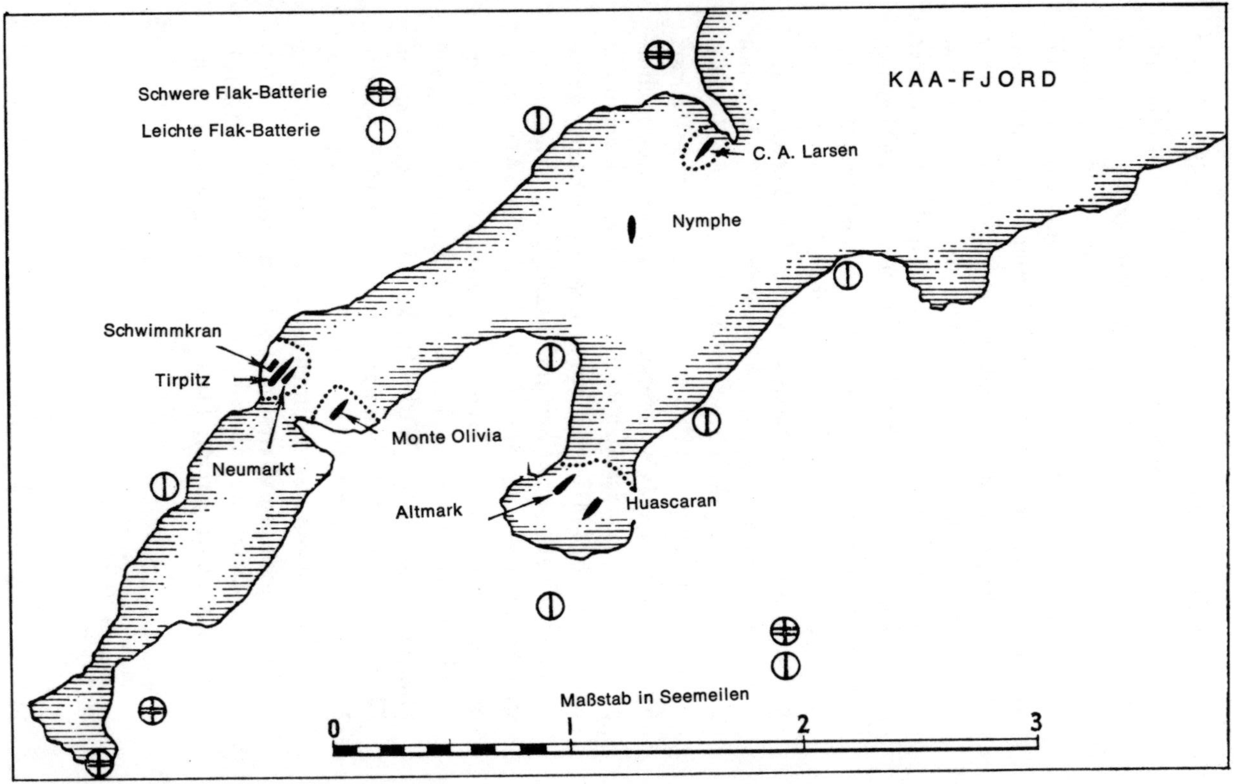

Angriffe der Marineflieger am 3. April 1944 auf *Tirpitz* im Kaa-Fjord. Die Karte zeigt die Liegeplätze der Schiffe und die Geschützstellungen am 13. März 1944.

Der Luftangriffsplan war verwickelt. Zwei Angriffe sollten 2 Gruppen mit 21 »Barracuda«-Torpedo- und Sturzkampfflugzeugen fliegen. Gruppe Nr. 8 gehörte normalerweise zur *Furious* und Nr. 52 zur *Victorious*. Um jedoch den Anforderungen des Flugprogramms zu genügen, mußten beide Träger gleichzeitig eingesetzt werden. Damit die Gruppen zusammen fliegen konnten, mußte eine Staffel jeder Gruppe zwischen den Trägern ausgetauscht werden. So kam für diese Operation die Staffel 827 auf *Victorious*, Staffel 831 dagegen auf *Furious*. Um auf *Tirpitz* höchste Wirkung zu erzielen, fanden 4 Bombentypen Anwendung: 11 Maschinen trugen je drei 230 kg »SAP«-Bomben*, 5 je eine 725 kg »AP«-Bombe** und 5 weitere Flugzeuge entweder drei 230 kg »MC«-Bomben*** oder 270 kg »A/S«-Bomben.**** In etwa 1100 m Höhe ausgeklinkt, waren die 725 kg »AP«-Bomben so berechnet, daß sie das Panzerdeck des Schlachtschiffes, aus 600 m die 230 kg »MC«-Bomben das Oberdeck durchschlugen, um schweren Schaden über dem Panzerdeck anzurichten. Die 230 kg »MC«-Bomben sollten in erster Linie gegen die Flakbedienungen wirken und befanden sich daher im ersten Angriffsflugzeug jeder Welle. Die 270 kg »A/S«-Bomben sollten bei direkten Treffern den gleichen Unterwasserschaden anrichten wie nahe Fehlwürfe. Beim Angriff trugen 9 Maschinen der ersten Welle 230 kg »SAP«- und sieben 725 kg »AP«-Bomben, beim zweiten Angriff 13 Flugzeuge 230 »SAP«- und nur drei 725 »AP«-Bomben. Wegen schwachen Windes beim Start konnten nur zwei, nicht drei 270 kg »A/S«-Bomben pro »Barracuda« geladen werden.
Victorious startete zu jedem Einsatz 10 »Corsair« als Jagdschutz der »Barracudas«. Da sie mehr Flugzeuge an Bord

* Panzersprengbombe
** Panzerbrechende Bombe
*** Bombe mit Verstärkungsladung
**** Wasserbombe

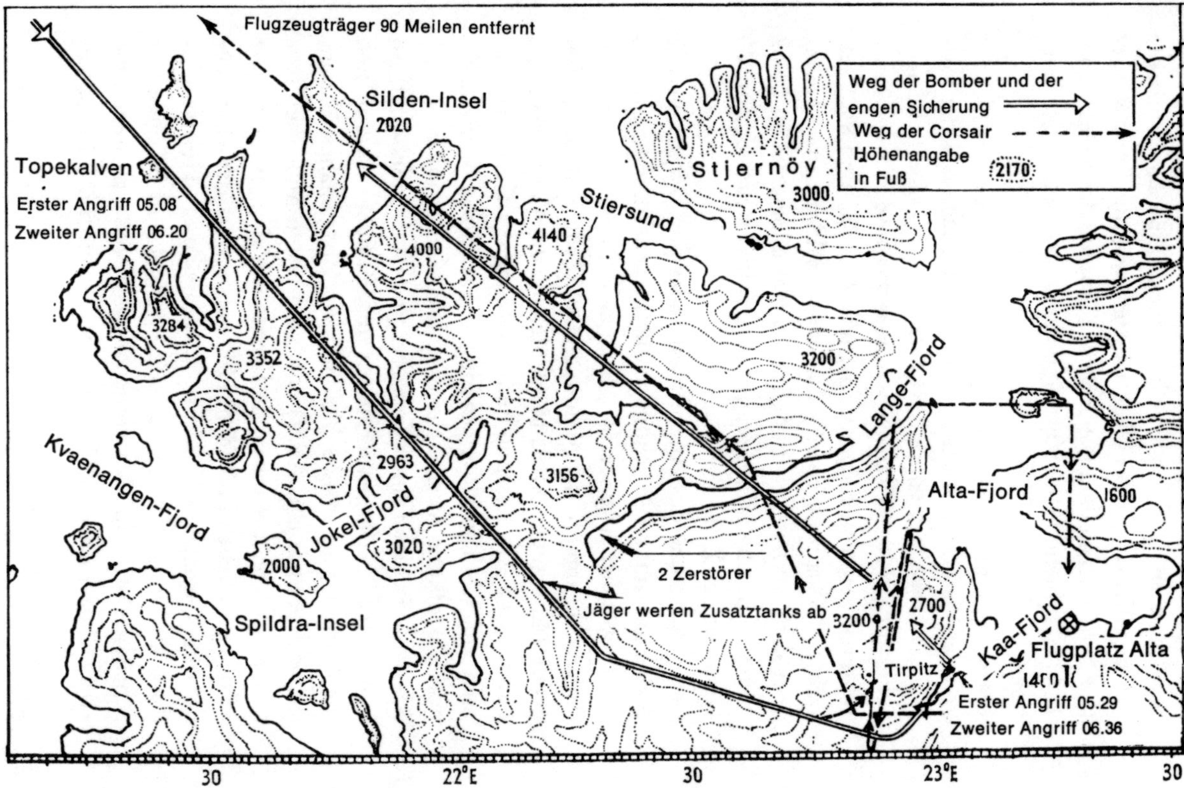

Wegekarte des Angriffs der Marineflieger am 3. April 1944 auf *Tirpitz* im Kaa-Fjord.

hatte als vorgesehen, mußte die erste Welle einige Zeit vor dem Start an Deck abgestellt werden. Eine unerwünschte Notwendigkeit, da das Deck sehr naß war und Spritzwasser und Schneeregen darauf gefroren. Während des Seetörns am 1. April erhielten alle Flugzeugbesatzungen detaillierte Briefings.

Um 04.16 Uhr starteten die ersten »Corsair« der Staffel 1834 von der *Victorious,* 8 Minuten später »Barracudas« der Staffeln 827 und 830 (Gruppe 8) von den beiden Trägern. Gleichzeitig stiegen 20 »Wildcats« von *Searcher* und *Pursuer* sowie 10 »Hellcats« von *Emperor* (Staffeln 800, 881 und 882) auf, während »Seafires« von *Furious* und »Wildcats« von *Fencer* über dem Verband einen Schutzschirm bildeten. Um 04.37 Uhr hatten sich die Flugzeuge formiert und steuerten mit 120 Grad auf das Ziel.

Bei Annäherung des Angriffsverbandes ging *Tirpitz* gerade Anker auf, um im Anschluß an die Instandsetzung zu weiteren Probefahrten in See zu gehen. Beim Hieven des zweiten Ankers begann mit der Meldung über 32 mit Südkurs anfliegende Maschinen, Abstand 43 Meilen, die Vernebelung an Land. Nach Alarmierung und Besetzung der Geschütze kamen um 05.28 Uhr die ersten Flugzeuge in Sicht, während ein nur sehr dünner Vernebelungsschleier den Fjord bedeckte. Als die Maschinen einen Zerstörer und ein Handelsschiff im Langefjord überflogen, erhielten sie kein Feuer. Erst als sich die Angreifer auf etwa 3 Meilen ihrem Ziel genähert hatten, setzte Flakfeuer ein. Als *Tirpitz* zum ersten Male die Flugzeuge sichtete, begannen sie bereits mit dem Angriff. Die »Corsair« blieben in 3000 m Höhe als Schutz der »Barracudas« bei Gegenangriffen, die »Wildcats« und »Hellcats« jedoch kamen im Tiefflug über die Hügel und belegten das Schlachtschiff mit Maschinengewehrfeuer, während die »Barracudas« um 05.29 Uhr zum Sturzangriff in 2 Kolonnen

Tirpitz mit 2 Zerstörern vor Barentsburg, Spitzbergen. *(BfZ)*

Tirpitz vor Spitzbergen. Rechts vorn der Backbord-mittlere 15 cm-Zwillingsturm, links davor und dahinter (erhöht) zwei 10,5 cm-Doppelflak. *(BfZ)*

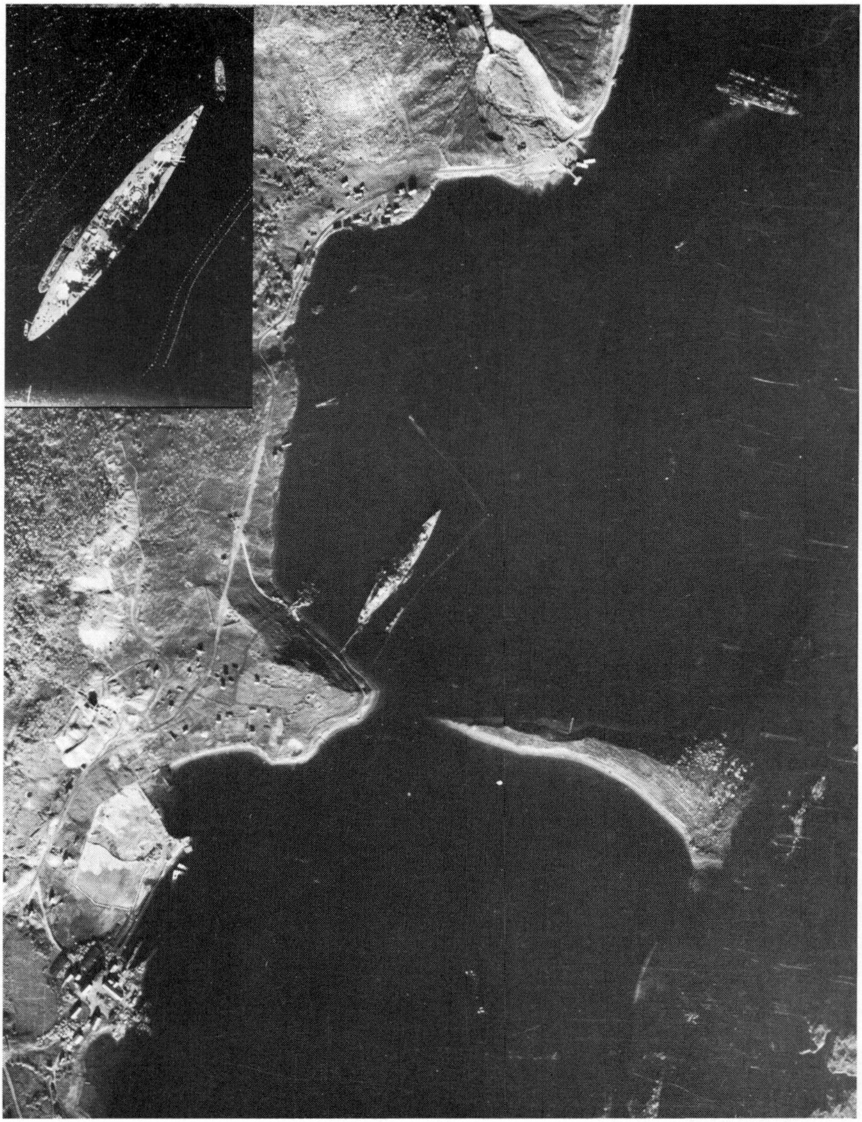

Von einem Aufklärungsflugzeug aufgenommenes Luftbild von *Tirpitz* auf dem Ankerplatz im Kaa-Fjord im September 1943. Deutlich erkennbar die Schutznetze, besonders die Sperrlücke für den Bootsverkehr. Ausschnitt links oben: eine andere Luftaufnahme in starker Vergrößerung zeigt ebenfalls die Netzsperren, einen Schlepper am Bug, einen Backbord achtern längsseit liegenden Tanker und ein Beiboot am Heck. Die 38 cm-Türme Anton, Caesar und Dora sind aus der Mittschiffslinie herausgeschwenkt. *(BfZ)*

Die beiden erfolgreichen, mit dem Victoria-Kreuz ausgezeichneten X-Boot-Kommandanten. *Links:* Lieutenant Cameron (X-6). *Rechts:* Lieutenant Place (X-7). *(IWM)*

Tirpitz auf Probefahrt im Alta-Fjord nach über sechsmonatiger Reparatur im Winter 1943/44. Das Foto läßt die über die Lage täuschende Wirkung des Tarnanstriches erkennen: der Bug ist rechts. *(BfZ)*

Admiral Sir Henry Moore auf der Schanze des britischen Schlachtschiffes *King George V. (IWM)*

Im arktischen Winter durch Spritzwasser vereister vorderer Geschützturm (35,6 cm) eines Schlachtschiffes der *King George V*-Klasse. *(IWM)*

Flugzeugträger *Furious* in grober See. *(IWM)*

Britischer Trägerverband mit (von links) *Furious*, *Searcher*, Kreuzer *Jamaica* und *Pursuer*, im Vordergrund *Emperor* mit Hellcat-Jabos auf dem Flugdeck. *(IWM)*

Barracudas werden mit Bomben beladen; rechts zwei Corsair-Jagdbomber mit abwerfbarem Zusatztank. *(IWM)*

Einweisung der Flugzeugbesatzungen für Unternehmen „Tungsten". *(IWM)*

Das Ziel: *Tirpitz* auf dem Ankerplatz im Kaa-Fjord. Beachte die in Bereitschaft gerichteten Flak. *(BfZ)*

Das Einnebeln von *Tirpitz* (Mitte) beginnt. *(BfZ)*

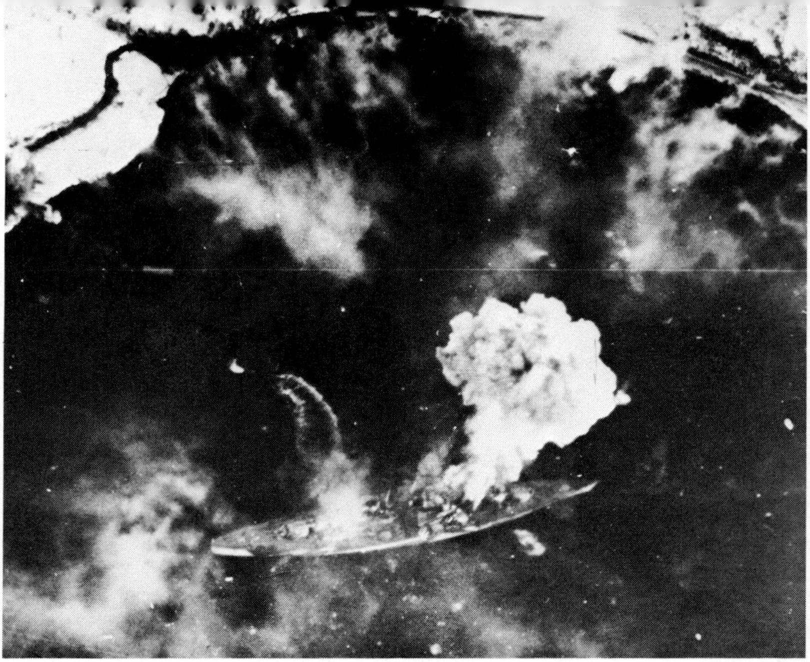

Einer der ersten Treffer auf *Tirpitz* beim Unternehmen „Tungsten“. *(IWM)*

Flugzeugträger *Formidable*. *(IWM)*

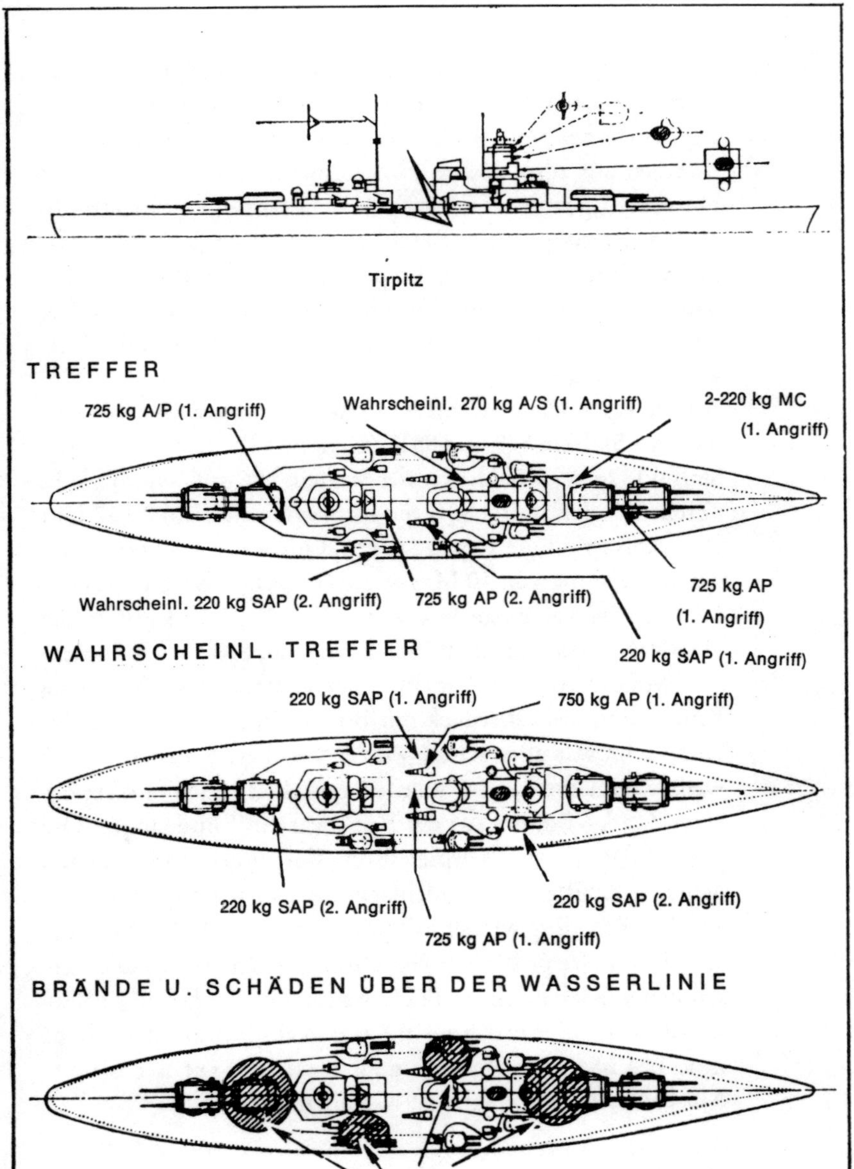

Angriff der Marineflieger am 3. April 1944 auf *Tirpitz*. Trefferauswertung der Admiralität vom 3. Mai 1944.

in der Längsschiffsrichtung ansetzten. Die Abwurfübungen hatten ergeben, daß falsche Entfernungsschätzungen die Fehlwürfe der Seite nach überwogen. Eigentlich sollten die Bomben aus über 900 m Höhe geworfen werden, um das Durchschlagen des Panzerdecks sicherzustellen, doch in ihrer Begeisterung und im Bemühen um Genauigkeit gingen die meisten Piloten viel tiefer hinunter. Der Angriff dauerte genau eine Minute. 6 direkte und 3 wahrscheinliche Treffer wurden gemeldet; das Oberdeck war mit dem Blut der Verwundeten bedeckt.

Als die erste Welle angriff, startete die zweite: 19 »Barracudas« der Staffeln 829 und 831* (Gruppe 52), 10 »Corsair« der Staffel 1826, 19 »Wildcats« der Staffeln 896 und 898 sowie 10 »Hellcats« der Staffel 804. Sie formierten sich um 05.37 Uhr zum Anflug auf die *Tirpitz,* deren Rauchsäulen schon aus einer Entfernung von 40 Meilen auszumachen waren. Das bedeutete aber keine Abschreckung. Um 06.35 Uhr griffen die »Hellcats« erneut die Schiffsflak an, während die »Wildcats« eine Minute vor den Angriffen der »Barracudas« die offene Brücke und das Oberdeck mit Bordwaffen beschossen. Um 06.37 Uhr war alles schon wieder vorüber. 8 sichere und 5 wahrscheinliche Treffer wurden gemeldet, doch ein Treffer einer 725 kg-Bombe auf der Back war ein Blindgänger. Die Jäger folgten dem Beispiel ihrer Vorgänger und belegten deutsche Schiffe und Landanlagen, wo sie gesichtet wurden, auf dem Rückflug wieder mit Bordwaffenbeschuß. Die deutsche Luftwaffe griff nicht ein. Bis 07.58 Uhr waren alle Maschinen wieder auf ihren Trägern gelandet. Lediglich 2 »Barracudas« – je eine pro Angriff – waren abgeschossen worden. Eine beschädigte »Hellcat« ging vorsichtig auf See nieder. Auf britischer Seite gab es 9 Gefallene.

* Eine »Barracuda« konnte nicht starten, eine stürzte unmittelbar nach dem Start ab. Die Besatzung kam ums Leben.

Vice-Admiral Moore hatte einen Wiederholungsangriff am folgenden Tage vorgesehen, doch angesichts der auf *Tirpitz* angerichteten Schäden sowie der Erschöpfung und Reaktion seiner Flugzeugbesatzungen nach einem so erfolgreichen Angriff änderte er seine ursprüngliche Absicht und befahl die Rückkehr in den Hafen. Am 6. April gegen 16.30 Uhr war der größte Teil des Verbandes nach Scapa Flow zurückgekehrt, lediglich *Searcher* mit Maschinenstörung, die Flottentanker und ihr zur sicheren Rückkehr verbliebenes Geleit trafen etwa 10 Stunden später ein.
Die deutsche Organisation hatte die Empfehlungen der Seekriegsleitung zur Verbesserung der Flugabwehr unbeachtet gelassen. In nur 2 Minuten hatten die Marineflieger einen großen Teil der in den 6 Monaten durchgeführten Instandsetzung zunichte gemacht und der Moral der Besatzung, die sich nach dem Angriff der X-Boote gerade wieder langsam zu heben begann, unermeßlichen Schaden zugefügt. Die Haupt- und Hilfsmaschinen waren zwar nicht beschädigt, doch hatten die Naheinschläge Wassereinbrüche verursacht. Die Funkantennen waren wiederum zerstört, das Oberdeck glich einem Schlachtfeld, die Flakbewaffnung war beschädigt und die Verluste furchtbar. 122 Gefallene, 316 Verwundete einschließlich des Kommandanten, viele von ihnen durch das MG-Feuer der Jäger. Erst am 22. Juni konnte *Tirpitz* die Probefahrten im Altafjord wieder aufnehmen.

DIE UNTERNEHMUNGEN *PLANET, BRAWN, TIGER CLAW* UND *MASCOT*

Eine für den 26. April geplante Wiederholung der Unternehmung »Tungsten« mit dem Decknamen »Planet« mußte wegen schlechten Wetters ausfallen.
Am 15. Mai lief die Unternehmung »Brawn« an. 27 »Barra-

cudas« der *Victorious* und der *Furious* mit 28 »Corsairs«, 4 »Seafires« und 4 »Wildcats« starteten zum erneuten Angriff auf *Tirpitz*. Beim Anfliegen der norwegischen Küste fanden sie 10/10 Bedeckung in 300 m Höhe vor und hatten keine Alternative, als zu ihren Trägern zurückzukehren. Eine »Barracuda« ging während einer Wetteraufklärung verloren. Ein ähnlich geplanter Angriff am 28. Mai – Unternehmung »Tiger Claw« – mußte ebenfalls wegen schlechter Wetterlage aufgegeben werden. Drei Tage danach griff der Verband Schiffsziele weiter südlich vor Aalesund an.
Sechs Wochen später, am 17. Juli, war ein weiterer Angriff der Marineflieger – Unternehmung »Mascot« – vorgesehen. Die Deutschen hatten auf einem Berggipfel nahe der *Tirpitz* einen Beobachtungsstand eingerichtet für die Feuerleitung auf anfliegende Maschinen, vor allem Sperrfeuer der 38 cm Geschütze. 44 »Barracudas« mit 450 kg »AP«-Bomben und 230 kg-Bomben, eskortiert von 18 »Corsairs«, einer gleichen Anzahl »Hellcats« und 12 »Fireflies« starteten von den Trägern *Formidable, Indefatigable* und *Furious*. Um 02.04 Uhr erhielt *Tirpitz* Vorwarnung über den Anflug eines großen Verbandes. Flak-Besatzungen gingen auf Stationen, und binnen 10 Minuten hatte eine gute Vernebelung von Land aus eingesetzt. Bei Angriffsbeginn gegen 02.20 Uhr war das Ziel fast vollständig in Nebel gehüllt. Um 02.21 Uhr wurde auf *Tirpitz* ein Naheinschlag wahrgenommen. Gegen 02.25 Uhr aber war das Schlachtschiff gänzlich eingenebelt, so daß keine weiteren Nahtreffer erzielt wurden. Eine »Barracuda« und eine »Corsair« gingen verloren, aber einen 500 Tonnen-Trawler versenkten die Flieger immerhin noch auf ihrem Rückflug.

Am 31. Juli und 1. August lief *Tirpitz* letztmalig aus zu Übungen mit der 4. Zerstörerflottille. Drei Wochen später waren die Marineflieger wieder da und führten als Unternehmen »Goodwood« eine Reihe von Angriffen durch. Eingesetzt waren die 5 Träger *Indefatigable, Formidable, Furious, Nabob* und *Trumpeter*. Die ersten beiden Angriffe fanden am 22. August statt. Aber die »Barracudas« und die sichernden »Corsairs« konnten am Frühnachmittag den Erfolg von »Tungsten« nicht wiederholen, da niedrige Wolken das Ziel verdeckten. Nur die »Hellcats« warfen Bomben durch die Wolkendecke und meldeten 2 Treffer. In den frühen Abendstunden griffen weitere 6 »Hellcats« von *Indefatigable«* die *Tirpitz* an. Als Erfolg meldeten sie zwei weitere 230 kg-Bombentreffer. Beim Morgenangriff attackierten die Maschinen auch andere Schiffsziele und beschädigten sowohl 2 kleine Versorger als auch die in der Nähe von *Tirpitz* vertäuten Schwimmerflugzeuge des Schiffes.
Beide Seiten gaben optimistische Erfolgsmeldungen. In Wirklichkeit erzielten die »Hellcats« keine Treffer, und die Briten verloren nur eine »Barracuda« und eine »Hellcat«, während die Deutschen nicht weniger als 12 abgeschossene Flugzeuge beobachtet haben wollten. Der Geleitträger *Nabob* wurde jedoch von einem U-Boot torpediert, schaffte es aber, zum Hafen zurückzukehren. Die Luftsicherung schoß zwei »BV 138«-Flugboote ab, die sich zu dicht an den Trägerverband herangewagt hatten.
Am 24. August nachmittags starteten »Barracudas«, »Hellcats«, »Corsairs« und »Fireflies« von *Indefatigable* und *Furious* zum schwersten von den Marinefliegern unternommenen Angriff. Die 33 »Barracudas« trugen sämtlich 725 kg »AP«-Bomben, die 10 »Hellcats« je eine 230 kg-Bombe und 5

der 24 »Corsairs« 450 kg »AP«-Bomben. Der Rest aus 10 »Fireflies« war auf die Flugabwehr angesetzt. Um 15.47 Uhr gab die deutsche Luftverteidigung Fliegeralarm und begann mit dem Einnebeln. Die Maschinen flogen aus allen Richtungen in Höhen zwischen 2000 und 3000 m an, gingen dann zum Angriff tief hinunter. Diese Technik hatte man aus den Erfahrungen von »Tungsten« entwickelt. Sie machte die Feuerleitung der Flak an Bord der *Tirpitz* sehr viel schwieriger. Trotz der Vernebelung wurden 2 Treffer bei Verlust von 2 »Hellcats« und 4 »Corsairs« erzielt. Eine 230 kg-Bombe traf genau die Decke des Turmes »B«, die aufgerissen wurde, beschädigte die Höhenrichtmaschine des Steuerbordgeschützes zeitweilig und zerstörte den auf dem Turm aufgestellten 2-cm-Vierling. Der andere Treffer erwies sich als die größte Enttäuschung für die Marineflieger. Eine 725 kg »AP«-Bombe traf unmittelbar Vorkante Brücke an Backbord und durchschlug nicht nur das Oberdeck, sondern auch das darunter liegende Panzerdeck und landete in der Schaltstelle 4 auf dem unteren Plattformdeck, nachdem sie 14,6 cm Deck, meist aus Panzerstahl, durchschlagen hatte. Aber sie zündete nicht. Als die Deutschen schließlich den Sprengstoff entfernten, wog er nur noch 45 statt 100 kg. Die Explosion der Bombe hätte die Hauptrechen- und Schaltstelle zerstört und gleichzeitig schweren Wassereinbruch verursacht. Die *Tirpitz* wäre außer Gefecht gesetzt gewesen, wenn nicht sogar versenkt worden. Über die Unternehmung berichten die deutschen Unterlagen:

»Bei dem Angriff vom 24. August 1944 handelt es sich zweifellos um den bisher schwersten und soweit nachhaltigsten. Die Engländer bewiesen hohen fliegerischen Ausbildungsstand und große Geschicklichkeit. Erstmalig stürzten sie mit schweren Bomben. Während des Sturzfluges griffen Jäger die Landbatterien an, die, im Vergleich zu früheren Angriffen, schwere Verluste erlitten. Daß eine über 700 kg schwere panzerbrechende Bombe nicht detonierte, muß als ungewöhnlicher Glücksfall angesehen werden, denn die Explosion hätte unermeßlichen Schaden angerichtet. Selbst unvollständige Vernebelung beeinträchtigt die gegnerische Zielgenauigkeit. Von jetzt ab ist bei Windstärken bis zu 9 m/sek ohne Rücksicht auf Lücken zu vernebeln.«

Die Deutschen verkürzten nun auch die Nebelbereitschaft von 10 auf 7 Minuten.

Während der nächsten 5 Tage wechselten Sturm und Nebel einander bis zum 29. August ab, an dem 60 Flugzeuge von *Formidable* und *Indefatigable* einen weiteren schweren Angriff durchführten. Vier der 7 »Hellcats« flogen mit Zielmarkierung, doch waren die Deutschen ausreichend vorgewarnt, um das Schlachtschiff völlig einzunebeln. Die Maschinen mußten ihre Bomben blind werfen und vermuteten 2 Treffer, erzielten aber in Wirklichkeit keinen. Eine »Firefly« und eine »Corsair« gingen verloren. Der Trägerverband drehte ab, um vor der Rückkehr nach Scapa Flow kurz den Konvoi »RA 59 A« zu sichern.

So endeten die Angriffe der Marineflieger gegen *Tirpitz*. Sehr beträchtliche Erfolge wurden erzielt. Seit dem Angriff der X-Boote im September vorigen Jahres war das Schiff eigentlich wertlos. Der Preis: Verlust von 17 Flugzeugen und 40 Flugzeugbesatzungen sowie ein beschädigter Träger. Die lähmende Streiterei zwischen der Marine und Görings Luftwaffe verwirrte die deutsche Strategie und Taktik vollkommen, so daß niemals Jagdschutz für *Tirpitz* gestellt wurde, sonst hätten die Ergebnisse ganz anders aussehen können. Und als die Jäger schließlich für diese Aufgabe bereitgestellt wurden, sollte es zu spät sein.

Kapitel 5: Bomber Command, September bis November 1944

Parallel zu den Angriffen der Marineflieger waren noch andere Pläne zur Vernichtung der *Tirpitz* in Erwägung gezogen worden. Im Juli lag ein Entwurf über die Durchführung eines Tagesangriffes mit amerikanischen USAAF »B-17« »Flying Fortresses« und 725 kg-Bomben vor, der jedoch nicht weiterverfolgt wurde. Die Amerikaner hatten zwar großes Interesse an der Ausschaltung eines so wichtigen Zieles, doch gab es offenbar Schwierigkeiten, nicht zuletzt, weil die »Flying Fortresses« (Fliegende Festungen) nur kleine Bomben mitführen konnten, die sich bereits als ziemlich wirkungslos erwiesen hatten. Ein anderer Vorschlag über einen Angriff von »Mosquito«-Bombern mit hoher Geschwindigkeit, der die Vernebelungsmaßnahmen mittels ihrer hohen Geschwindigkeit überraschen könnte, gedieh lediglich bis zur Zuweisung des Decknamens »Servant«, wurde aber nie ausgeführt. Nach noch einem anderen Plan erhielten 6 »Sunderland«-Flugboote Vorrichtungen zur Aufnahme von je 2 bemannten Torpedos, aber auch daraus wurde nichts. Die Lösung des Problems blieb dem »Bomber Command« vorbehalten.
Seit den ersten Angriffen der »Stirlings« und »Halifaxes« 1942 und den noch früheren Versuchen der »Hampdens« während des ersten Kriegsjahres waren sowohl Technik als auch Technologie der »Royal Air Force« (RAF) enorm weiterentwickelt worden. Dr. Barnes Wallis' geniale Fähigkei-

ten, kombiniert mit der inspirierenden Führung von Wing Commander Guy Gibson, hatten die Staffel 617 – die »Dambuster« (Staudammknacker) geschaffen. (Als Gibson den Befehl zur Aufstellung dieser Sonderstaffel erhielt, nahm er an, das Ziel sei die *Tirpitz,* und war sehr erleichtert, zu erfahren, daß das nicht der Fall war.) Jetzt, nach 18 Monaten, sollte die entschlossenste und am besten ausgebildete Staffel des »Bomber Command«, ausgerüstet mit neuesten Bomben verheerender Wirkung, *Tirpitz* angreifen. Nicht zufrieden mit der Konstruktion der »Skipping Bomb« (Springbombe zum Zerstören der Ruhr-Talsperren), hatte Barnes Wallis die »Tallboy«-Bombe mit einem Gewicht von 5400 kg und über 2270 kg hochbrisanten Sprengstoffes mit hervorragenden Flugeigenschaften und großer Durchschlagkraft entwickelt. Diese Kombination sollte gegen *Tirpitz* eingesetzt werden.

Doch im weit entfernten Kaafjord lag *Tirpitz* außer Reichweite für Hin- und Rückflug einer mit einer »Tallboy«-Bombe ausgerüsteten »Lancaster«. Die Bomber mußten daher in Rußland landen und wieder auftanken. Die Genehmigung zur Benutzung der Anlagen in Yagodnik kam schnell, ganz im Gegensatz zu dem verzögerten Einverständnis über die für die Unternehmung »Source« vorgesehenen Aufklärungsflugzeuge ein Jahr zuvor. Am 10. September starteten 33 »Lancasters« der Staffeln 617 und 9, begleitet von 2 »Liberators« mit Ersatzteilen und Bodenpersonal, von Lossiemouth unter Führung von Wing Commancer J. B. Tait nach Rußland. Auf die eine oder andere Weise kamen sie alle am Bestimmungsort an, obwohl die Funknavigationsbake in Yagodnik vom falschen Typ war, die Wolkengrenze unter 300 m lag und die einförmige Landschaft keine geeigneten Orientierungsmöglichkeiten bot. Zwei Maschinen der 617. und 4 der 9. Staffel mußten auf Sumpfgelände notlanden und aufgegeben werden.

Drei Tage lang goß es. Dann endlich, am 15. September, starteten 27 Bomber mit Ziel *Tirpitz*. 21 trugen 5400 kg »Tallboys«, die anderen 6 je zwölf 180 kg-»JW Mk II«-Minen.* Die Bomber überflogen die hohen Berggipfel 90 Meilen vom Liegeplatz des Schlachtschiffes gegen 11.00 Uhr. Doch 5 Minuten vor Erreichen des Zieles begannen bereits die schwimmenden Nebelgeräte zu arbeiten. Auf 3700 m Höhe etwa formierten die Bomber sich in Ketten zu 6 Maschinen zum Angriff aus Südost. Die Küstenbatterien, die schwimmende Flak-Batterie und *Tirpitz* eröffneten das Feuer, wobei diese sowohl mit ihren 38 cm-Geschützen Sperrfeuer schoß als auch ihre leichteren Waffen einsetzte. Tait's Bombenschütze Daniels klinkte eine »Tallboy« über einem schnell im Nebel verschwindenden Ziel aus, doch warfen er und die anderen praktisch blind. Der Bombenschütze einer anderen Maschine wollte einen Treffer von Daniels auf *Tirpitz* beobachtet haben. Fünf Besatzungen entschlossen sich, keine Bomben auf ein völlig vernebeltes Ziel zu verschwenden. Von den insgesamt 21 wurden nur 16 »Tallboys« geworfen. Die Staffeln kehrten über Yagodnik nach England zurück.**

Die Bomberbesatzungen hatten während des Angriffs Aufnahmen gemacht; weitere Aufklärung setzte kurz danach ein. Die Ergebnisse waren allerdings schwierig einzuschätzen. Ein Treffer auf oder neben das Heck galt als wahrscheinlich, ebenso einige Naheinschläge. Aus späteren Meldungen der norwegischen Widerstandsbewegung ging hervor, daß *Tirpitz* einen Treffer am Bug erhielt. Und das war in der Tat auch richtig, obwohl das britische Kabinett über das Ausmaß des

* Die »JW«-Mine – JW steht für Johnnie Walker – war eine bemerkenswerte Waffe. In Zielnähe in das Wasser geworfen, sank sie auf den Grund, blies automatisch mit Preßluft den Wasserballast aus, stieg unter das Ziel und zündete beim Auftreffen. Man rechnete damit, den Angriff, je nach herrschenden Wind- und Stromverhältnissen, mehrmals zu wiederholen. Daher der Name.

** Beim Angriff traten keine Flugzeugverluste ein, wohl aber ging eine »Lancaster« beim Rückflug von Yagodnik nach Lossiemouth verloren. Wahrscheinlich flog sie wegen eines Navigationsfehlers gegen einen Berg.

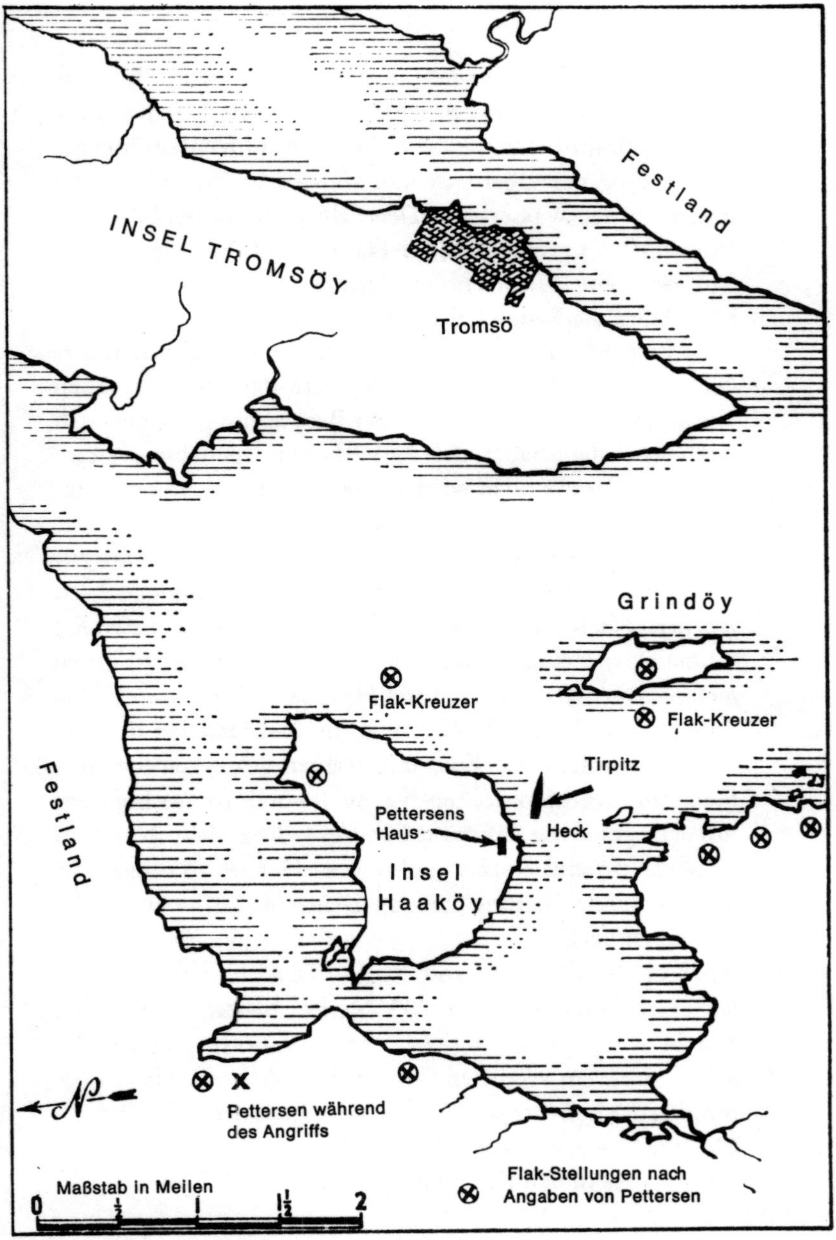

Die Versenkung der *Tirpitz* durch das „Bomber Command" am 12. November 1944. Standort von *Tirpitz* und den Flak-Stellungen, wie von Pettersen zur Zeit des Angriffs gemeldet.

Schadens im Ungewissen war und keine Garantie für eine schwere Beschädigung des Schiffes hatte. Tatsächlich traf die 5400 kg Bombe die *Tirpitz* etwa 15 m hinter dem Steven, durchschlug das Oberdeck und zündete an Steuerbord gut unterhalb der Wasserlinie. Der Erfolg: Wassereinbruch im Vorschiff, ein großer Teil der Haupt- und der Hilfsmaschinen gestaucht. Ein nach dem Kriege aufgefundenes Dokument hätte die Briten beruhigen können:

»Die Instandsetzung, falls ohne Unterbrechung durchführbar, würde mindestens neun Monate dauern. Schließlich wurde am 23. September bei einer Besprechung, an der auch der Oberbefehlshaber der Kriegsmarine teilnahm, festgestellt, daß *Tirpitz* nicht wieder seeklar und gefechtsbereit gemacht werden könne...«

Die Deutschen entschlossen sich, *Tirpitz* auf einen seichteren Liegeplatz zu verlegen, um eine Versenkung unmöglich zu machen. Nach sorgfältiger Vermessung der Wassertiefen lief sie mit eigener Kraft in der Nacht des 15. Oktober zu ihrem neuen Liegeplatz vor der Insel Haakoy, nahe Tromsö. Zusammen mit *Tirpitz* kamen auch die Flakbatterien und die Torpedoschutznetze. Eine mit Baggergut ausgefüllte tiefe Stelle am Liegeplatz sollte – was auch kommen mochte – ein nur geringes Tiefersinken des Schiffes sicherstellen. Nun kein Großkampfschiff mehr, sollte sie hier in Tromsö als schwimmende Batterie helfen, Deutschlands norwegische Flanke zu decken.

Aber mit der Verlegung vom Kaafjord nach Tromsö war *Tirpitz* Großbritannien um 200 Meilen nähergerückt. Den Bombern war es nun möglich, so eben noch möglich, das Schiff direkt zu erreichen und zurückzukehren. Nach Entfernung der hinteren MG-Türme der »Lancaster« der Staffeln 617 und 9 wurden aus »Wellington«-Bombern stammende Zusatztanks in den Rumpf eingebaut und die Türme wieder

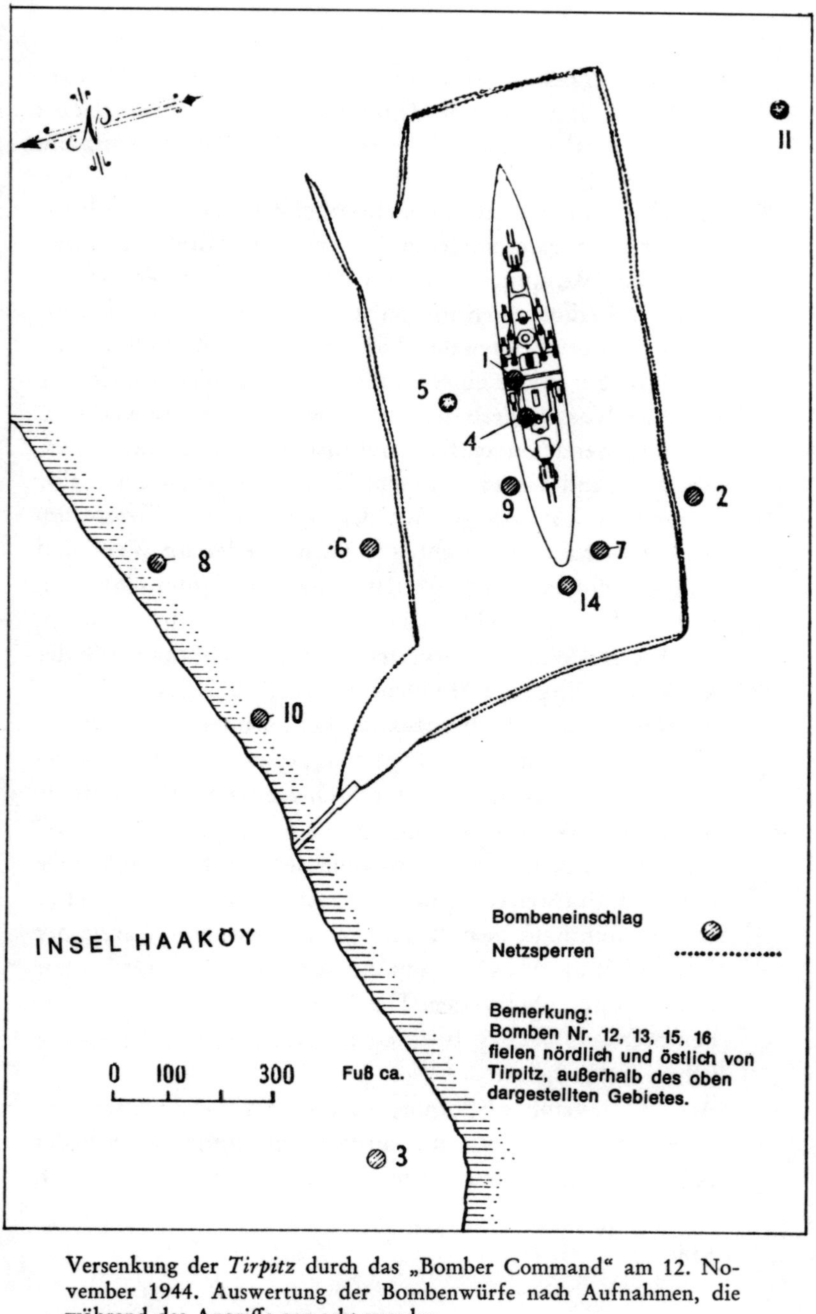

Versenkung der *Tirpitz* durch das „Bomber Command" am 12. November 1944. Auswertung der Bombenwürfe nach Aufnahmen, die während des Angriffs gemacht wurden.

aufgesetzt. Dadurch konnten die Maschinen weitere 1400 Liter Treibstoff aufnehmen. Um Gewicht zu sparen, entfernte man die mittleren oberen Türme und den Panzerschutz um den Pilotensitz.

Am 28. Oktober starteten die Bomber nach Lossiemouth zur Vorbereitung eines weiteren Angriffs. Um Mitternacht meldete eine »Mosquito« in einem Wetterbericht über Tromsö günstige Bedingungen mit auf Ost drehendem Wind. Eine Stunde später starteten die »Lancasters« von ihrem Flugplatz – 32 Bomber mit je einer »Tallboy«. Sie gingen im Tiefflug über das Wasser, kreuzten die norwegische Küste weit südlich und wendeten an der schwedischen Grenze nach links, um von Land aus anzugreifen. Sie kamen genau eine halbe Minute zu spät. Als sie sich der vorgewarnten *Tirpitz* um 08.50 Uhr näherten, drehte der Wind wieder auf West, und von See schoben sich Wolken über das Ziel. Unter schwerem Flakbeschuß versuchten die Besatzungen, ihre Bomben durch Wolkenlücken zu werfen. Der Versuch, unterhalb der Wolken zu fliegen, wäre nicht nur gefährlich gewesen, weil die Wolken auch die Berge einhüllten, sondern auch zwecklos, weil die Bomben eben nur aus großer Höhe das Panzerdeck des Schlachtschiffes durchschlagen konnten. Direkte Treffer wurden nicht erzielt. Aber ein Nahtreffer Backbord achtern verbog die Schraubenwelle der *Tirpitz*. Eine bereits nur mit 3 Motoren fliegende »Lancaster« erhielt einen Treffer von einem Einzelgeschütz auf einer kleinen Insel. Carey, der Pilot, hielt die Maschine mit 2 Motoren in der Luft bis zur Notlandung in Schweden. Das Flugzeug mußte abgeschrieben werden, doch gab es keine Verluste. Die Besatzung kehrte sicher heim.

Am 12. November frühmorgens stiegen die »Lancasters« zu ihrem dritten und letzten Angriff gegen *Tirpitz* auf. Wie der Angriff auch ausgehen würde, es gab kaum Chancen für einen vierten, da nach dem 27. November die Sonne sogar mittags unter dem Horizont stehen und das Licht dann nicht ausreichen würde, um das Ziel auszumachen. Starker Frost herrschte auf dem Flugplatz. Sieben »Lancasters« der 9. Staffel waren so stark vereist, daß sie mit dem Übergewicht nicht starten konnten. Insgesamt 32 Flugzeuge verließen gegen 03.00 Uhr den Flugplatz. Sie erreichten ihren Treffpunkt gegen 09.35 Uhr tief über Tornea Trask fliegend, einem 100 Meilen südöstlich von Tromsö gelegenen See, und formierten sich. Dann führte sie Tait nach Nordwesten, stieg auf 4300 m, um von den Bergen freizukommen und Höhe für den Bombenabwurf zu gewinnen. Radargeräte meldeten sie, als sie Höhe gewannen, und damit begann der Wettlauf. Ein Wettlauf, der noch spannender als sonst wurde durch das Wissen, daß kürzlich ein deutsches Jagdgeschwader in Bardufoss stationiert worden war. Als die »Lancasters« die letzte Bergkette überflogen, empfing sie heftiges Flakfeuer der *Tirpitz,* der anderen Schiffe und Landbatterien, doch das Schlachtschiff war klar zu erkennen. Weder Wolken noch Vernebelung störten. *Tirpitz* versuchte sich tatsächlich selbst unter ihrem Rauch zu verstecken, der jedoch in der stillen Luft senkrecht aufstieg. Die vom Kaafjord heruntergebrachten Nebelgeräte, obwohl in Position, waren nicht angestellt.

Um 09.41 Uhr klinkte Daniels, in der Nase von Tait's »Lancaster« »D for Dog« liegend, die erste »Tallboy« aus, um *Tirpitz* zum zweiten Male zu treffen. In Bardufoss scheint trotz verzweifelter Forderung nach Jagdschutz nicht ein einziger Jäger gestartet zu sein. Sie teilten *Tirpitz* in einem Spruch mit, daß sich britische Jäger über dem Flugplatz befänden, doch traf das überhaupt nicht zu. Die Deutschen hätten ein Schlachten unter den von ihren mittleren oberen Türmen entblößten »Lancasters« veranstalten können, doch blieben die Bomber abgesehen von Flakfeuer unbehelligt. Innerhalb

von 8 Minuten nach 09.41 Uhr wurden aus 3800 bis 4900 Metern Höhe 29 Bomben mit großer Genauigkeit geworfen.* Zwei direkte Treffer erhielt das Schiff an Backbordseite, einen in Brückenhöhe und den anderen, der anscheinend einen Brand verursachte, längsseits des Turmes »C«. *Tirpitz* bekam nach dem ersten Treffer etwa 20 Grad Backbordschlagseite, die nach dem zweiten Einschlag weiter zunahm und durch eine Anzahl von Nahtreffern an Backbord zusätzlich verstärkt wurde, bis sie fast 70 Grad erreichte. Gegen 09.50 Uhr, nachdem gerade die letzte Bombe gefallen war, ereignete sich eine schwere Explosion, und Turm »C« fiel völlig aus. Er lag etwa 12 Meter von der Stelle entfernt, wo er hingehörte. Offenbar war dies die Folge einer inneren Explosion gewesen, also keines Bombentreffers. *Tirpitz* legte sich weiter über und kenterte nach Backbord.
Obwohl Befehl zum Verlassen des Schiffes gegeben worden war, kenterte *Tirpitz* so schnell, daß die Männer aus den unteren Decks nicht mehr herauskamen. Außerdem war die Backbordtür des während der Unternehmung »Tungsten« an Steuerbord beschädigten gepanzerten Kommandostandes festgekeilt, als das Schiff sich auf die Seite legte. Von den an Bord befindlichen 1700 Mann ertranken etwa 1000. 87 Mann konnten durch in den Schiffsboden geschnittene Löcher gerettet werden. Die Bomber hatten keine Verluste. Das war das Ende des Kampfes um die Vernichtung der *Tirpitz*.

* Zwei »Lancaster« der Staffel 9 kamen zu spät zum Treffpunkt und kehrten, ohne ihre Bomben geworfen zu haben, zurück. Eine »Lancaster« war nur für Fotoaufklärung während des Angriffs ausgerüstet, um eine möglichst genaue Beurteilung der Schäden zu ermöglichen, was sich als überflüssig erwies.

Das dicht gedrängte Flugdeck eines Flotten-Trägers: vorn Corsair-Jäger, dahinter Barracuda-Bomber. *(IWM)*

Ein Seafire-Jäger an Deck der *Furious*. Backbord voraus das Schlachtschiff *Duke of York*. *(IWM)*

Luftaufnahme der *Tirpitz* vom Juli 1944 auf dem Ankerplatz im Kaa-Fjord. Im Sommer war *Tirpitz* vom bisherigen Liegeplatz auf die gegenüberliegende Fjordseite verholt worden. *(MOD Crown Copyright)*

Bilder linke Seite:
Oben: Flugzeugträger *Nabob* nach Torpedotreffer eines U-Bootes während der Unternehmungen „Goodwood". *(IWM)*

Unten: Ein Fairey-Firefly-Jäger. *(IWM)*

Ein schwerer Avro Lancaster-Bomber der Staffel 617. *(IWM)*

Kapitän zur See Robert Weber, früher 1. Artillerieoffizier auf *Tirpitz*, wurde im Mai 1944 I. Offizier und ab Anfang November zugleich mit der Vertretung des Kommandanten beauftragt, nachdem das Schiff nicht mehr fahrbereit war. Er fiel bei dem Luftangriff am 12. November zusammen mit der Besatzung des Kommandostandes.

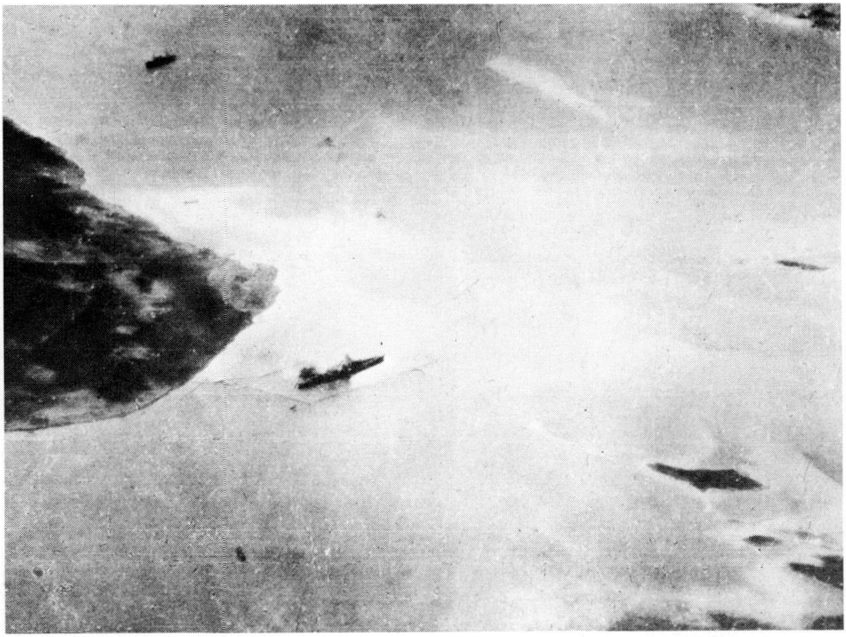

Tirpitz auf dem Ankerplatz („Netzkasten“) vor der Insel Haaköy bei Tromsö. *(IWM)*

Aufnahme von *Tirpitz* während des Bombenangriffes am 12. November 1944, kurz vor der Explosion des Turmes Caesar und dem Kentern. *(MOD Crown Copyright)*

Der Schauplatz nach dem Angriff von 8 Minuten Dauer. *(BfZ)*

Der Schiffsboden von *Tirpitz* nach dem Kentern bis 135°. Beachte die gewaltige Breite. *(BfZ)*

Das Achterschiff nach dem Kentern. Wellen und Propeller sind bereits entfernt. *(BfZ)*

Das Ende: *Tirpitz* wird von einer norwegischen Firma abgewrackt und verschrottet. *(BfZ)*

Anhang 1

CHRONOLOGISCHE AUFLISTUNG DER ANGRIFFE AUF »TIRPITZ«

1.	Herbst 1940	Bomber Command	Wilhelmshaven
2.	Herbst 1940	Bomber Command	Wilhelmshaven
3.	29. Jan. 1942	Bomber Command	Drontheim
4.	9. März 1942	Marineflieger	Auf See
5.	31. März 1942	Bomber Command	Drontheim
6.	28. Apr. 1942	Bomber Command	Drontheim
7.	29. Apr. 1942	Bomber Command	Drontheim
8.	29. Okt. bis 1. Nov. 1942	Royal Navy und norwegische Widerstandsbewegung (Unternehmung »Title»)	Drontheim
9.	22. Sept. 1943	Royal Navy (»Source«)	Kaa-Fjord
10.	11. Febr. 1944	Russische Bomber?	Kaa-Fjord
11.	3. Apr. 1944	Marineflieger (»Tungsten«)	Kaa-Fjord
12.	24. Apr. 1944	Marineflieger (»Planet«)	aufgehoben
13.	15. Mai 1944	Marineflieger (»Brawn«)	Kaa-Fjord
14.	28. Mai 1944	Marineflieger (»Tiger Claw«)	aufgehoben
15.	17. Juli 1944	Marineflieger (»Mascot«)	Kaa-Fjord
16.	22. Aug. 1944	Marineflieger (»Goodwood I«)	Kaa-Fjord
17.	22. Aug. 1944	Marineflieger (»Goodwood II«)	Kaa-Fjord
18.	24. Aug. 1944	Marineflieger (»Goodwood III«)	Kaa-Fjord
19.	29. Aug. 1944	Marineflieger (Goodwood IV«)	Kaa-Fjord
20.	15. Sept. 1944	Bomber Command (»Paravane«)	Kaa-Fjord
21.	29. Okt. 1944	Bomber Command (»Obviate«)	Tromsö
22.	12. Nov. 1944	Bomber Command (»Catechism«)	Tromsö

Herbst 1940
Zwei Angriffe während der Ausrüstung des Schlachtschiffes durch »Handley-Page Hampdens« mit 900 kg panzerbrechenden Bomben und »M«*-Minen. Kein Schaden.

25. Januar 1942
9 »Handley-Page Halifaxes« und 7 »Short Stirlings«. Wegen Bewölkung Ziel bei Drontheim nicht gefunden.

31. März 1942
34 »Halifaxes« – 1 Maschine sichtet Ziel.
Bombenabwurf: 1–1800 kg, Aufschlagzünder
4– 230 kg, »GP«**, Langzeitzünder 0,1 sec.
Kein Schaden. Verlust: 5 Flugzeuge.

28. April 1942
43 »Avro Lancasters« und »Halifaxes«.
Bombenabwurf: 20–1800 kg, Aufschlagzünder,
20– 230 kg, »GP«, Verzögerungszünder 0,1 sec.,
10– 110 kg, »GP«, Verzögerungszünder 0,1 sec.,
44– 450 kg, »Mk XIX« – Minen mit Tiefendruckzünder auf 9 Meter.
Kein Schaden. Verlust: 5 Flugzeuge.

29. April 1942
34 »Lancasters« und »Halifaxes«.
Bombenabwurf: 18–1800 kg, Aufschlagzünder,
23– 230 kg, »GP«, Verzögerungszünder 0,1 sec.,
1– 110 kg, »GP«, Verzögerungszünder 0,1 sec.,
48– 450 kg, »Mk XIX« – Minen mit Tiefendruckzünder auf 9 Meter.
Kein Schaden. Verlust: 2 Flugzeuge.

* Magnetmine

** Mehrzweckbombe

15. September 1944
27 »Lancasters« (»Paravane«).
Bombenabwurf: 16–5400 kg, »MC« (Tallboy), Verzögerungszünder 0,07 sec.,
72– 180 kg, »JW«-Minen, Aufschlagzünder.
1 Treffer am Bug verursacht schweren Wassereinbruch. Keine Flugzeugverluste.

29. Oktober 1944
32 »Lancasters« (»Obviate«).
Bombenabwurf: 32–5400 kg, »MC« (Tallboy), Verzögerungszünder 0,07 sec.
1 Nahtreffer backbord achteraus verursacht Wassereinbruch. Verluste: 1 Flugzeug.

12. November 1944
32 »Lancasters« (»Catechism«).
Bombenabwurf: 29–5400 kg, »MC« (Tallboy), Verzögerungszünder 0,07 sec.
2 Treffer, 1 Nahtreffer an Backbord verursachten Wassereinbruch und schwere Schlagseite; danach Explosion Munitionskammer Turm »C«. »Tirpitz« kentert. Keine Flugzeugverluste.

ANGRIFFE DER MARINEFLIEGER

9. März 1942
HMS »Victorious« mit der »Home Fleet« sichern Geleitzug »PQ 12«. 12 »Fairey Albacores« Torpedobomber.

Abwurf: 12–46 cm Torpedos, 40 Knoten, Tiefeneinstellung 7,60 m, reine Aufschlagzündung.

Keine Treffer. Verluste: 2 »Albacores«.

»Tirpitz« feuerte 15 cm	–	2 Salven Zonenschießen
	–	16 Salven Sperrfeuer
	–	12 Salven Aufschlagzünder
10,5 cm	–	345 Schuß
3,7 cm	–	897 Schuß
2 cm	–	3372 Schuß

3. April 1944 (Tungsten)
1. Angriff, Gruppe 8 »TBR«, Staffeln 827 und 830. 21 »Barracudas«.
Bombenabwurf: 6–725 kg, »AP«, Verzögerungszünder 0,08 sec.,
24–230 kg, »SAP« Verzögerungszünder 0,14 sec.,
12–230 kg, »MC« Aufschlagzünder,
4–270 kg, »A/S« Tiefendruckzünder auf 10,70 m.
2. Angriff, Gruppe 52 »TBR«, Staffeln 829 und 831. 19 »Barracudas«.
Bombenabwurf: 2–725 kg, »AP« Verzögerungszünder 0,08 sec.,
36–230 kg, »SAP« Verzögerungszünder 0,14 sec.,
9–230 kg, »MC« Aufschlagzünder,
1–270 kg, »A/S« Tiefendruckzünder auf 10,70 m.
Jede Welle mit Jagdschutz aus 20 »Wildcats«, 10 »Hellcats« und 10 »Corsairs«.
1. Welle erzielte 10, die zweite 5 Treffer. 8 Treffer mit »AP«-Bomben, 7 mit »MC«-Bomben, 2 Nahtreffer. Verlust: 3 »Barracudas«. Sehr schwere Splitterschäden an Oberdeck, Flak und Antennen, 122 Gefallene, 316 Verwundete.

»Tirpitz« feuerte	10,5 cm –	506 Schuß
	3,7 cm –	400 Schuß
	2 cm –	8260 Schuß

15. Mai 1944 (Brawn)
HMS »Victorious« und »Furious«,
27 »Barracudas« (TBR 8 und 52) mit 230 kg »SAP« und »MC« sowie 270 kg »A/S«-Bomben.
28 »Corsairs« (Gruppen 1834 und 1836),
4 »Seafires«,
4 »Wildcats«.
Wegen zu niedriger Wolkendecke an der norwegischen Küste umgekehrt. Kein Angriff.

17. Juli 1944 (Mascot)
HMS »Formidable«, »Indefatigable« und »Furious«,
44 »Barracudas« (TBR-Gruppen 8 und 9),
18 »Corsairs« (Staffel 1841),
12 »Fireflies« (Staffel 1770),
18 »Hellcats« (Staffel 1840).

Bombenabwurf: 725 kg, »AP«, Verzögerungszünder 0,08 sec,
230 kg.
»Barracudas« warfen Bomben blind durch Vernebelung. Keine direkten Treffer, 1 Nahtreffer. Verlust: 1 »Barracuda«, 1 »Corsair«.

»Tirpitz« feuerte	38 cm –	39 Schuß
	15 cm –	359 Schuß
	10,5 cm –	1 973 Schuß
	3,7 cm –	3 967 Schuß
	2 cm –	28 550 Schuß

»Tirpitz« hatte durch Vorwarnung 15 Minuten Zeit zum Einnebeln und Besetzen der Geschütze. Sehr schweres Flakfeuer einschließlich 38-cm-Sperrfeuer.

22. August 1944 (Goodwood I und II)
HMS »Indefatigable«, »Formidable«, »Furious«, »Nabob« und »Trumpeter«,
32 »Barracudas« (Staffeln 820, 826, 827, 828 und 830),
11 »Fireflies« (Staffel 1770),
8 »Seafires« (Staffel 887),
24 »Corsairs« (Staffeln 1841 und 1842),
9 »Hellcats« (Staffel 1840).
Bombenabwurf: 10–230 kg, »SAP« Verzögerungszünder 0,14 sec.
Die »Hellcats« warfen Bomben durch Lücken in der Wolkendecke.
»Barracudas« und »Corsairs« konnten das Ziel nicht erreichen.
6 »Hellcats« der »Indefatigable« mit 8 »Fireflies« als Jagdschutz griffen abends (Goodwood III) wieder mit gleichen 230-kg-Bomben an.
Die »Tirpitz« wurde nicht beschädigt, doch 2 »Arados«, 4 »BV 138« und 1 »He 115« zerstört.
Eigener Verlust: 1 »Barracuda«, 1 »Hellcat«, 1 »Seafire«.

»Tirpitz« feuerte	*morgens*	*abends*
38 cm	62 Schuß	13 Schuß
15 cm	363 Schuß	124 Schuß
10,5 cm	ca. 1300 Schuß	750 Schuß
3,7 cm	ca. 1600 Schuß	1538 Schuß
2 cm	ca. 15 000 Schuß	15 800 Schuß

24. August 1944 (Goodwood III)
HMS »Indefatigable«, »Formidable« und »Furious«,

33 »Barracudas«	1–725 kg »AP«-Bombe
10 »Hellcats«	1–230 kg, »SAP«-Bombe
5 »Corsairs«	1–450 kg, »AP«-Bombe

19 »Corsairs«
10 »Fireflies« } Jagdschutz und Flakabwehr

Bombenabwurf: 18–725 kg, »AP«, Zündverzögerung 0,08 sec.,
5–450 kg, »AP«, Zünderverzögerung 0,08 sec.,
10–230 kg, »SAP«, Zünderverzögerung 0,14 sec.

2 Treffer, davon einer mit 725 kg Bombe, die bis zum Kiel durchschlug, jedoch nicht zündete; geringer Schaden. Verluste: 2 »Hellcats« und 4 »Corsairs«.

»Tirpitz feuerte 38 cm –	72 Schuß	
15 cm –	510 Schuß	
10,5 cm –	30%	von dem bereits
3,7 cm –	20%	beträchtlich verminderten
2 cm –	40%	Bestand.

29. August 1944 (Goodwood IV)

HMS »Formidable« und »Indefatigable«,
26 »Barracudas« 1–725 kg, »AP« Bombe, Verzögerungszünder 0,08 sec.
2 »Corsairs« 1–450 kg, »AP« Bombe, Verzögerungszünder 0,08 sec.,
7 »Hellcats« 4 Flugzeuge mit Zielmarkierung, 3 mit 230 kg »MC« Bomben, Aufschlagzünder,
15 »Corsairs«
10 »Fireflies« } Jagdschutz und Flakabwehr

Alle Bomben abgeworfen, keine direkten Treffer, mehrere Nahtreffer. Verluste: 1 »Corsair« und 1 »Firefly«.

»Tirpitz« feuerte 38 cm –	54 Schuß	
15 cm –	161 Schuß	
10,5 cm –	22%	der restlichen Munition
3,7 cm –	9%	
2 cm –	18%	

Anhang 2

U-BOOTE, DIE AN DER UNTERNEHMUNG »SOURCE«
VOM 11.SEPT. BIS 5. OKT. 1943 TEILNAHMEN

Thrasher, X–5	Lieut Hezlet Lieut Henty-Creer (Kommandant Angriff) Lieut Terry-Lloyd (Kommandant Überfahrt)
Truculent, X–6	Lieut Alexander Lieut Cameron Lieut Wilson
Stubborn, X–7	Lieut Duff Lieut Place Lieut Philip
Seanymph, X–8	Lieut Oakley Lieut MacFarlane Lieut Smart
Syrtis, X–9	Lieut Jupp Lieut Martin S/Lt Kearon
Sceptre, X–10	Lieut McIntosh Lieut Hudspeth S/Lt Page

Anhang 3

BRITISCHE SCHIFFE, DIE AN DER UNTERNEHMUNG »TUNGSTEN« AM 3. APRIL 1944 TEILNAHMEN

Anson	Flag:	Vice-Admiral Sir Henry Moore, KCB, CVO, DSO
		Captain McCarthy
Victorious		Captain Denny
Furious		Captain Philip
Searcher		Captain Davies
Emperor		Captain Hilken
Pursuer		Captain Graham
Fencer		Captain Bentinck
Royalist	Flag:	Rear-Admiral Bisset (RA Geleitträger)
		Captain Eveleigh
Belfast		Captain Parham
Sheffield		Captain Addis
Jamaica		Captain Hughes-Hallet
Milne		Captain Campbell
Ursa		Commander Wyburd
Onslaught		Commander Pleydell-Bouverie
Piorun		Commander Dnienisiwicz (Poln. Marine)
Verulam		Lieut-Cdr Thomas
Undaunted		Lieut-Cdr Mackenzie
Meteor		Lieut-Cdr Jewitt
Vigilant		Lieut-Cdr Argles
Virago		Lieut-Cdr White
Swift		Lieut-Cdr Gower
Javelin		Lieut-Cdr Lewis
Wakeful		Lieut-Cdr Pound
Algonquin		Lieut-Cdr Piers
Sioux		Lieut-Cdr Boak

Anhang 4

DATEN DER *TIRPITZ*

Gebaut von der Marinewerft Wilhelmshaven, Kiellegung Oktober 1936, Stapellauf 1. April 1939, Fertigstellung November 1940, Indienststellung 25. Januar 1941.
Standarddeplacement 42 600 Tonnen, voll ausgerüstet ca. 50 000 Tonnen. Länge 241 m in der Wasserlinie, 251 m über alles, Breite 36 m, Tiefgang 8 m, voll beladen 10,20 m. Leistung: 3 Wellen, Getriebeturbinen, 6 Kesselräume, alle Kessel vor den Maschinenräumen, 15 000 Wellen-PS für 30 und 16 500 PS für 31 Knoten. Normale Bunkerkapazität 5000 Tonnen mit Erweiterungsmöglichkeit. Fahrbereich 9000 Seemeilen bei 19 Knoten.
Bewaffnung: 8 – 38 cm in 4 Doppeltürmen, übliche Anordnung, 2 vorn, 2 achtern, maximaler Erhöhungswinkel 35 Grad, maximale Reichweite 36 000 m, 960 Schuß. 12 – 15 cm in 6 Doppeltürmen, mittschiffs 3 an jeder Seite, maximaler Erhöhungswinkel 35 Grad, Reichweite 23 000 m, 1800 Schuß.
16 – 10,5 cm Flak in Zwillingslafetten, mittschiffs 4 an jeder Seite, maximaler Erhöhungswinkel 80 Grad, Reichweite 18 000 m, 6720 Schuß. 16 – 3,7 cm Flak in Zwillingslafetten, 32 000 Schuß. Ursprünglich 16, zuletzt 58 – 2 cm in Doppel- und Vierlingslafetten, 90 000 Schuß. 8 – 53,3 cm Torpedorohre in Vierlingslafetten, 24 Torpedos.
Feuerleitung: Drei Leitstände für Haupt- und Mittelartillerie mit zusätzlichen E-Meßgeräten. 10,5 cm Bewaffnung mit 4 getrennten, kreiselstabilisierten Feuerleitständen.
Stromversorgung: 8–500 kW Dieselgeneratoren; 5–690 kW Turbogeneratoren.

Flugzeuge: 6 »Arado 196« Wasserflugzeuge, Katapultstartanlage hinter dem Schornstein.
Panzerung: Eine gepanzerte Zitadelle schützte das lebenswichtige Zentrum des Schiffes. Die Seiten aus 320 mm starken, zementierten Panzerplatten ab 2,40 m unter der Wasserlinie bis zum Batteriedeck und dünnere Panzerung von 145 mm Stärke bis zum Oberdeck. Das Deck unter dem Batteriedeck war mit 80 mm nicht-zementiertem Panzerstahl über den Maschinenräumen und mit 100 mm über den Munitionskammern zwischen den Torpedoschotten armiert. Die schräge Deckspanzerung zwischen der Mitte und der Bettung der Seitenpanzerung maß 110 und auch 120 mm. Die Zitadelle war vorn und achtern schwächer gepanzert, Oberdeckstärke allgemein 50 mm.
Die 38 cm Geschütztürme hatten vorn eine Panzerstärke von 360 mm, an den Seiten 220 mm sowie oben zwischen 180 und 130 mm. Panzerstärke des Geschützturmunterbaues 220 mm, der Feuerleitstand etwa ebenso. Die Panzerstärke der 15 cm Türme betrug ca. ein Drittel der Panzerung der Hauptbewaffnung.
Besatzung: 2400 Mann.

Anhang 5

DEUTSCHE SCHIFFSDATEN

»Scharnhorst«
Abmessungen: 32000 Tonnen, 235x30x7,60 m
Leistung: 3 Wellen, Getriebeturbinen, Geschwindigkeit 41 Knoten, Fahrbereich 10000 Meilen bei 18 Knoten
Bewaffnung: 9–28 cm (3x3), 12–15 cm (6x2), 14–10,5 cm (7x2), 16–3,7 cm, 38–2 cm, 6–53,3 cm Torpedos (2x3), 4 »Arado 196»-Wasserflugzeuge
Panzerung: Gürtelpanzer 33–7,6 cm, Deck 11,4–8,9 cm, Türme 35,6–10,2 cm
Besatzung: 1800

»Lützow«, «Admiral Scheer«
Abmessungen: 12100 Tonnen, 186x21x6,40 m
Leistung: 2 Wellen, Diesel, Geschwindigkeit 26 Knoten, Fahrbereich 19000 Meilen bei 19 Knoten
Bewaffnung: 6–28 cm (2x3), 8–15 cm (8x1), 6–10,5 cm Flak (3x2), 8–3,7 cm, 28–2 cm, 8–53,3 cm Torpedos (2x4), 2 »Arado 196«-Wasserflugzeuge
Panzerung: Gürtelpanzer 10,2 cm, Deck 7,6–3,8 cm
Besatzung: 1150

»Prinz Eugen«, »Hipper«
Abmessungen: 10000 Tonnen, 199x22x4,60 m
Leistung: 3 Wellen, Getriebeturbinen, Geschwindigkeit 32 Knoten, Fahrbereich 6800 Meilen bei 18 Knoten
Bewaffnung: 8–20,3 cm (4x2), 12–10,5 cm Flak (6x2), 12–3,7 cm, 28–2 cm, 12–53,3 cm Torpedos (4x3), 3 »Arado 196«-Wasserflugzeuge
Besatzung: 1600

Zerstörer Z 24, Z 27, Z 28, Z 29, Z 30, Z 31 (Narvik-Klasse)
Abmessungen: 2600 Tonnen, 119x12x3 m
»Friedrich Eckoldt«, »Hermann Schoemann«, »Erich Steinbrinck«, »Friedrich Ihn«, »Richard Beitzen«

Abmessungen:	2200 Tonnen, 114x11x3 m
Leistung:	2 Wellen, Getriebeturbinen, Geschwindigkeit 30 Knoten, Fahrbereich 4400 Meilen bei 19 Knoten
Bewaffnung:	5–12,7 cm (5x1), 4–3,7 cm, 8–2 cm, 8–53,3 cm Torpedos (2x4)
Besatzung:	315

»Nymphe« (ex. norw. »Tordenskold«), »Thetis« (ex. norw. »Harald Haafrage«)

Abmessungen:	3858 Tonnen, 94x15x5,20 m
Leistung:	2 Wellen, Kohlen-Dreifachexpansionsmaschine, Geschwindigkeit 17 Knoten
Bewaffnung:	(2–20,8 cm, 6–12 cm, 6–7,6 cm, 2–7,6 cm Flak) – Ursprünglich von Armstrong 1897 für Küstenverteidigung gebaut, von den Deutschen zur schwimmenden Flak-Batterie umgebaut.
Panzerung:	Gürtelpanzer 17,8–5 cm, Deck 5 cm, Türme 20,3–12,7 cm

Anhang 6

BRITISCHE SCHIFFSDATEN

»King George V«, »Duke of York«, »Anson«

Abmessungen:	35 000 Tonnen, 227x31x8,5 m
Leistung:	4 Wellen, Getriebeturbinen, Geschwindigkeit 29 Knoten, Fahrbereich 15 000 Meilen bei 10 Knoten, 6300/20, 3200/27
Bewaffnung:	10–35,6 cm (2x4, 1x2), 16–13,3 cm See- und Luftziel (8x2), 48–2-Pfünder Flak. Zusätzlich bis zu 60–2 cm und 4 cm Flak
Panzerung:	Gürtelpanzer 38–11,4 cm, Deck 15–2,5 cm, Türme 40,6–23 cm
Besatzung:	1555

»Renown«

Abmessungen:	32 000 Tonnen, 242x31x8,20 m
Leistung:	4 Wellen, Getriebeturbinen, Geschwindigkeit 29 Knoten, Fahrbereich 3650 Meilen bei 27 Knoten
Bewaffnung:	6–38 cm (3x2), 20–11,4 cm See- und Luftziel (10x2), 24–2-Pfünder Flak, zusätzlich 4–2-Pfünder und 62–2 cm
Panzerung:	Gürtelpanzer 23–8 cm, Deck 10–6 cm, Türme 28–18 cm
Besatzung:	1181

»Indefatigable«

Abmessungen:	26 000 Tonnen, 234x29x8 m
Leistung:	4 Wellen, Getriebeturbinen, Geschwindigkeit 32 Knoten
Bewaffnung:	16–11,4 cm See- und Luftziel (8x2), 38–2 cm, 72 Flugzeuge
Panzerung:	Gürtelpanzer 11,4 cm, Deck 8–6 cm
Besatzung:	1785

»Victorious«, »Formidable«

Abmessungen:	23 000 Tonnen, 230x29x7 m
Leistung:	3 Wellen, Getriebeturbinen, Geschwindigkeit 31 Knoten
Bewaffnung:	16–11,4 cm See- und Luftziel (8x2), 48–2-Pfünder Flak, 8–2 cm, 36 Flugzeuge
Panzerung:	Gürtelpanzer 11 cm, Deck 8–6 cm
Besatzung:	1392

»Furious«

Abmessungen:	22 450 Tonnen, 240x27x7,30 m
Leistung:	4 Wellen, Getriebeturbinen, Geschwindigkeit 30 Knoten, Fahrbereich 3500 Meilen
Bewaffnung:	12–10,2 cm Flak (6x2), 24–2-Pfünder, 33 Flugzeuge
Panzerung:	Gürtelpanzer 8–5 cm, Deck 8–2,5 cm
Besatzung:	748 und Flugzeugbesatzungen
	Ursprünglich als Schlachtkreuzer mit 2–45,7 cm Geschützen als Hauptbewaffnung gebaut, erste Indienststellung mit 1–45,7 cm Geschütz und vorderem Flugdeck.

»Pursuer«, »Fencer«, »Trumpeter«, »Emperor«, »Nabob«

Abmessungen:	11 420 Tonnen, 150x21x7 m
Leistung:	1 Welle, Getriebeturbine, Geschwindigkeit 17 Knoten
Bewaffnung:	2–10,2 cm Flak (2x1), »Pursuer« und »Fencer« 8–4 cm (4x2), 15–2 cm (15x1), 18 Flugzeuge. »Trumpeter«, »Emperor« und »Nabob«: 16–4 cm (8x2), 20–2 cm, 24 Flugzeuge
Besatzung:	646

»Berwick«

Abmessungen:	9750 Tonnen, 192x21x4,80 m
Leistung:	4 Wellen, Getriebeturbinen, Geschwindigkeit 31 Knoten, Fahrbereich 10 400 Meilen bei 12,5 Knoten, 2300/max
Bewaffnung:	8–20,3 cm (4x2), 8–10,2 cm Flak (4x2), 8–2-Pfünder (8x1), mehrere 2 cm, 4 »Walrus«-Wasserflugzeuge
Panzerung:	Gürtelpanzer 12,7–7,6 cm, Deck 3,8 cm, Türme 10,2–7,6 cm
Besatzung:	679

»Sheffield«

Abmessungen:	9100 Tonnen, 180x19x5,20 m
Leistung:	4 Wellen, Getriebeturbinen, Geschwindigkeit 32 Knoten, Fahrbereich 7000 Meilen bei 14 Knoten
Bewaffnung:	12–15,2 cm (4x3), 8–10,2 cm Flak (4x2), 8–2-Pfünder, 3 »Walrus«-Wasserflugzeuge, 6–53,3 cm Torpedos (2x3). Mehrere 2 cm zusätzlich, später Turm »C« entfernt (3–15,2 cm) und 20–4 cm eingebaut.
Panzerung:	Gürtelpanzer 10,2–7,6 cm, Deck 5,1 cm, Türme 5,1–2,5 cm
Besatzung:	700

»Belfast«

Abmessungen:	10000 Tonnen, 187x19x5,20 m
Leistung:	4 Wellen, Getriebeturbinen, Geschwindigkeit 32 Knoten, Fahrbereich 8000 Meilen bei 14 Knoten
Bewaffnung:	12–15,2 cm (4x3), 12–10,2 cm Flak (6x2), 16–2-Pfünder, 6–53,3 cm Torpedos (2x3), 3 »Walrus«-Wasserflugzeuge, zuerst 6–2 cm zusätzlich, später 4–10,2 cm Flak entfernt und 20–2-Pfünder und 5–4 cm eingebaut
Panzerung:	Gürtelpanzer 11,4 cm, Deck 5,1 cm, Türme 5,1–3,8 cm
Besatzung:	850

»Jamaica«, »Kenya«

Abmessungen:	8000 Tonnen, 169x19x4,90 m
Leistung:	4 Wellen, Getriebeturbinen, Geschwindigkeit 33 Knoten, Fahrbereich 6000 Meilen bei 13 Knoten
Bewaffnung:	12–15,2 cm (4x3), 8–10,2 cm Flak (4x2), 9–2-Pfünder, 6–53,3 cm Torpedos (2x3), mehrere 2 und 4 cm Flak
Panzerung:	Gürtelpanzer 8,2 cm, Deck 5,1 cm, Türme 5,1 cm
Besatzung:	730

»Royalist«

Abmessungen:	5770 Tonnen, 156x15,20x4,60 m
Leistung:	4 Wellen, Getriebeturbinen, Geschwindigkeit 33 Knoten
Bewaffnung:	8–13,3 cm See- und Luftziel (4x2), 12–2-Pfünder, 12–2 cm, 6–53,3 cm Torpedos (2x3)

Panzerung:	Gürtelpanzer 7,6–5,1 cm, Deck 5,1–1,3 cm, Türme 5,1–2,5 cm
Besatzung:	535

»Faulknor«

Abmessungen:	1475 Tonnen, 105x10,40x2,75 m
Leistung:	2 Wellen, Getriebeturbinen, Geschwindigkeit 35 Knoten, Fahrbereich 6350 Meilen bei 15 Knoten, 4290/20
Bewaffnung:	5–12 cm (5x1), 1–7,6 cm Flak, 8–53,3 cm Torpedos (2x4)
Besatzung:	175

»Echo«, »Eclipse«, »Fury«

Abmessungen:	1375 Tonnen, 100x10x2,40 m
Leistung:	2 Wellen, Getriebeturbinen, Geschwindigkeit 35 Knoten, Fahrbereich 6000 Meilen bei 15 Knoten
Bewaffnung:	4–12 cm (4x1), 1–7,6 cm Flak, 4–53,3 cm Torpedos (1x4)
Besatzung:	145

»Icarus«, »Intrepid«

Abmessungen:	1370 Tonnen, 98,50x9,80x2,40 m
Leistung:	2 Wellen, Getriebeturbinen, Geschwindigkeit 36 Knoten, Fahrbereich 5530 Meilen bei 15 Knoten, 2950/20
Bewaffnung:	4–12 cm, 8–1,3 cm Flak, 10–53,3 cm Torpedos (2x5)
Besatzung:	175

»Ashanti«, »Bedouin«, »Eskimo«, »Punjabi«

Abmessungen:	1870 Tonnen, 115x11x2,70 m
Leistung:	2 Wellen, Getriebeturbinen, Geschwindigkeit 36 Knoten, Fahrbereich 5700 Meilen bei 15 Knoten, 3200/20
Bewaffnung:	8–12 cm (4x2), 4–2-Pfünder Flak, 4–53,3 cm Torpedos (1x4)
Besatzung:	190

»Lookout«, »Marne«, »Matchless«, »Milne«, »Meteor«

Abmessungen:	1920 Tonnen, 110x11x3 m
Leistung:	2 Wellen, Getriebeturbinen, Geschwindigkeit 36 Knoten, Fahrbereich 5500 Meilen bei 15 Knoten, 2250/25
Bewaffnung:	6–12 cm (3x2), See- und Luftziel, 4–2-Pfünder, 8–53,3 cm Torpedos (2x4)
Besatzung:	221

»Onslow«, »Onslaught«

Abmessungen:	1540 Tonnen, 105x10,70x2,75 m
Leistung:	2 Wellen, Getriebeturbinen, Geschwindigkeit 37 Knoten, Fahrbereich 3850 Meilen bei 20 Knoten
Bewaffnung:	4–12 cm (4x1), 4–2-Pfünder, 8–2 cm, 8–53,3 cm Torpedos (2x4)
Besatzung:	183

»Javelin«, »Piorun«

Abmessungen:	1690 Tonnen, 108,60x11x2,75 m
Leistung:	2 Wellen, Getriebeturbinen, Geschwindigkeit 36 Knoten, Fahrbereich 5500 Meilen bei 15 Knoten, 3700/20
Bewaffnung:	6–12 cm (3x2), 4–2-Pfünder, 10–53,3 cm Torpedos (2x5)
Besatzung:	183

»Ursa«, »Undaunted«, »Swift«, »Virago«, »Sioux«, »Verulam«, »Vigilant«, »Wakeful«, »Algonquin«

Abmessungen:	1710 Tonnen, 111x11x3 m
Leistung:	2 Wellen, Getriebeturbinen, Geschwindigkeit 37 Knoten, Fahrbereich 5500 Meilen bei 15 Knoten, 3700/20
Bewaffnung:	4–12 cm (4x1), 2–4 cm, 8–2 cm, 8–53,3 cm Torpedos (2x4)
Besatzung:	180

»Truculent«, »Thrasher«

Abmessungen:	1090/1575 Tonnen, 84x8x4,60 m
Leistung:	2 Wellen, diesel-elektrischer Antrieb, Geschwindigkeit 15 Knoten/9 Knoten. Fahrbereich getaucht mit voller Batterie 9 Knoten für 45 Minuten, 2,5 Knoten für 36 Stunden. Tauchtiefe 90 m.
Bewaffnung:	11–53,3 cm Torpedos, 1–10,2 cm, 1–2 cm
Besatzung:	59

»Seanymph«, »Sceptre«, »Syrtis«, »Stubborn«

Abmessungen:	715/990 Tonnen, 66x7x3,30 m
Leistung:	2 Wellen, diesel-elektrischer Antrieb, 14/9 Knoten, getaucht und mit voller Batterie 9 Knoten Fahrt für 45 Minuten, 2,5 Knoten für 36 Stunden, Tauchtiefe 90 m
Bewaffnung:	7–53,3 cm Torpedos, 1–7,6 cm, 1–2 cm
Besatzung:	44

»X-Boote«

Abmessungen:	35 Tonnen, 15,50x2,60x2,30 m
Leistung:	1 Welle, diesel-elektrischer Antrieb, Geschwindigkeit 6,5/5 Knoten. Fahrbereich aufgetaucht 1500 Meilen bei 4 Knoten, getaucht mit voller Batterie 80 Stunden Fahrt bei 2 Knoten. Tauchtiefe 90 m. Belastbarkeit der Besatzung insgesamt 10–14 Tage, getaucht und ohne Durchlüftung 12 Stunden.
Bewaffnung:	2 Seitenladungen mit je 2 Tonnen »Amatex« und Uhrwerk-Verzögerungszünder bis zu 36 Stunden
Besatzung:	Überfahrt-Crew 1 Offizier, 1 Matrose, 1 Heizer. Einsatz-Crew 3 Offiziere (1 ausgebildeter Taucher), 1 ERA (Obermaschinist).

Die Tauchzeit eines U-Bootes hängt von der Kapazität der Batterie und dem verfügbaren Sauerstoff für die Besatzung ab. Nach 24 Stunden ohne angemessene Durchlüftung ist die Luft verbraucht und die Leistung der Besatzung läßt nach. Das Maximum liegt bei etwa 36 Stunden. Die Kapazität der Batterie nimmt bei Benutzung ab. Eine völlig leere Batterie braucht ca. 12 Stunden zur Aufladung, zuerst mit beiden Maschinen.

Bemannte Torpedos

Abmessungen:	1,5 Tonnen, Länge 7,60 m, Durchmesser 53,3 cm
Leistung:	1 Schraube, Elektromotor, Fahrbereich 18 Meilen bei 3 Knoten
Bewaffnung:	272 kg TNT, abnehmbarer Gefechtskopf mit Uhrwerkzeitzünder
Besatzung:	2 Mann in Taucheranzügen und mit Sauerstoffatmer. Sichere Arbeitstiefe 11 m, darunter wegen Druckwirkungen und Gefahr von Sauerstoffvergiftung und Bewußtlosigkeit ungewiß.

Anhang 7

BRITISCHE FLUGZEUGDATEN

»Albacore« Torpedobomber/Aufklärung
Höchstgeschwindigkeit 250 km, Reichweite 1100 km mit 680 kg Bombenlast oder 1–45,7 cm Torpedo. Besatzung 2–3. Bewaffnung 1–0,77 cm MG.

»Barracuda« Torpedobomber/Aufklärung
Höchstgeschwindigkeit 340 km in 600 m. 240 km Reisegeschwindigkeit in 1500 m. Reichweite 900 km, 1600 km mit Zusatztreibstoff. Bombenlast 680 kg oder 1–45,7 cm Torpedo. Besatzung 2–3. Bewaffnung 2–0,77 cm MG.

»Firefly I« Jäger
Höchstgeschwindigkeit 450 km in 5200 m. 300 km Reisegeschwindigkeit in 4600 m. Reichweite 800/1600 km mit Zusatztanks. Steiggeschwindigkeit: In 9,6 Minuten auf 4600 m. Besatzung 2. Bewaffnung 4–2 cm.

»Seafire« Jäger
Höchstgeschwindigkeit 500 km in 3400 m. 275 km Reisegeschwindigkeit in 3700 m. Reichweite 650/1015 km mit Zusatztanks. Steiggeschwindigkeit: In 2 Minuten auf 1500 m. Besatzung 1. Bewaffnung 2–2 cm, 4–0,77 cm MG.

»Corsair« Jagdbomber
Höchstgeschwindigkeit 570 km in 6100 m. 250 km Reisegeschwindigkeit in 500 m. Reichweite 1500/2200 km mit Zusatztanks. Steiggeschwindigkeit: In 7,3 Minuten auf 6100 m. Besatzung 1. Bewaffnung 6–1,3 cm MG. Bombenlast 450 kg.

»Hellcat« Jagdbomber
Höchstgeschwindigkeit 520 km in 5500 m. 220 km Reisegeschwindigkeit in 500 m. Reichweite 1600/2200 km mit Zusatztanks. Steiggeschwindigkeit: In 7 Minuten auf 6100 m. Besatzung 1. Bewaffnung 6–1,3 cm MG. Bombenlast 230 kg.

»Wildcat« Jäger
Höchstgeschwindigkeit 450 km in 3200 m, Reisegeschwindigkeit 230 km in 450 m. Reichweite 900/1800 km mit Zusatztanks. Steiggeschwindigkeit: In 7,5 Minuten auf 6000 m. Besatzung 1. Bewaffnung 4–1,3 cm MG.

Bemerkung: Amerikanische Jagdflugzeuge hatten eine geringere Reichweite, entwickelten aber in größeren Höhen eine sehr viel höhere wirtschaftliche Reisegeschwindigkeit.

»Hampden« Bomber
Länge 16 m, Spannweite 21 m. Geschwindigkeit 430 km. Reichweite 1800 km. Bombenlast 1800 kg. Besatzung 6. Bewaffnung 6–0,77 cm MG.

»Stirling« Bomber
Länge 26,50 m, Spannweite 30 m. Geschwindigkeit 450 km. Reichweite 4800 km. Bombenlast 8200 kg. Besatzung 7. Bewaffnung 8–0,77 cm MG.

»Halifax« Bomber
Länge 21,60 m, Spannweite 31,70 m. Geschwindigkeit 430 km. Reichweite 4800 km. Bombenlast 6600 kg. Besatzung 7. Bewaffnung 9–0,77 cm MG.

»Lancaster« Bomber
Länge 21 m, Spannweite 31 m. Geschwindigkeit 440 km. Reichweite 4800 km. Bombenlast 8200 kg (normal). Besatzung 7. Bewaffnung 10–0,77 cm MG.
Als einziger Bomber konnte die »Lancaster« die 5400 kg »Tallboy« bzw. die 10000 kg »Grand Slam« tragen.

Sehr schwere Bombenlast reduziert die Reichweite eines Bombers erheblich, weil das Treibstoffgewicht entsprechend vermindert werden muß. Entscheidende Faktoren sind das Gesamtgewicht beim Start und die Triebwerksleistung.

Anhang 8

DEUTSCHE FLUGZEUGDATEN

»Arado 196«	Einmotoriges Aufklärungs-Wasserflugzeug Höchstgeschwindigkeit 270 km über dem Wasserspiegel. Reisegeschwindigkeit 245 km in 1800 m. Reichweite 800 km. Besatzung 2. Bewaffnung 2–2 cm, 3–7,9 mm.
»BV 138« (Blohm & Voss)	Dreimotoriges Aufklärungs-Bombenflugboot Höchstgeschwindigkeit 245 km über dem Wasserspiegel. 200 km Reisegeschwindigkeit. Reichweite maximal 4400 km, 3500 km mit 2 Torpedos. Besatzung 6. Bewaffnung 1–15/20 mm, 1–2 cm, 1–1,3 cm.
»Heinkel 115«	Zweimotoriges Torpedo/Bomben-Wasserflugzeug Höchstgeschwindigkeit über dem Wasserspiegel 260 km. Reisegeschwindigkeit 230 km in 300 m. Reichweite 2250 km mit 1 Torpedo. Besatzung 3. Bewaffnung 1–15 mm, 4–7,9 mm.

Anhang 9

DEUTSCHE ABWEHRMASSNAHMEN IM KAAFJORD, SEPTEMBER 1943

Quer über die Einfahrt zum Kaafjord, von Auskarneset an der Nordseite bis Jemmeluftneset an der Südseite, spannte sich bis zu einer Tiefe von 48 Metern ein weitmaschiges U-Boot-Abwehrnetz. An seinem Südende befand sich eine 400 Meter breite Lücke, die seit Sommer 1943 mit einer Sperre aus losem, ineinandergreifendem Netzwerk, das an Bojen hing, bis auf 10 Meter Wassertiefe reichte und am Ufer in Jemmeluftneset festgemacht war. Mit Rücksicht auf den ständigen Verkehr von und nach Alta und Bossekop wurde die Lücke nur bei U-Bootalarm im Altafjord oder seiner Zufahrt geschlossen und von Wasserbombenwerfern gesichert. Ein kleines Boot, entweder U-Jagdfahrzeug oder Boot mit Unterwasserhorchgerät, lag ständig etwa 60 Meter OSO der Lücke und prüfte alle passierenden Fahrzeuge.

Der Netzkasten der *Tirpitz* in Barbrudalen bestand aus einem doppelten Lufttorpedo-Schutznetz, dem ersten bis 15 und dem zweiten bis zu 36 Meter Tiefe. Nahe am Fjordufer, Backbord voraus von *Tirpitz,* öffnete sich eine 20 Meter breite Lücke, die mit einem Sperriegel, an dem sich ein bis zu einer Tiefe von 11 Metern reichendes Netz befand, geschlossen werden konnte. Wenn nachts geöffnet, übernahmen ein Spezialboot an der Sperrlücke und eine mit Unterwasserhorchgeräten ausgerüstete ständige Wache der *Tirpitz* die Kontrolle. (Zufällig mußte die Lücke in der Nacht vom 21. zum 22. September wegen Ausfalls der Telefonverbindung offen bleiben,

um den Bootsverkehr von der *Tirpitz* nach Bossekop sicherzustellen. Wachboot und Horchwache wurden um 06.00 Uhr eingestellt, eine Stunde vor dem Angriff der »X«-Boote.)
Ähnliche Netzsperren schützten den Liegeplatz der *Scharnhorst* in Auskarneset mit einer 10 Meter Lücke in der Nordwestecke.
Vorpostenboote bewachten den Stjern- und den Vargsund.
Die Flak um die Liegeplätze bestand aus 4 – 10,2 cm und 22 – 2/4 cm in Auskarneset, 4 – 10,2 cm und 12 – 2/4 cm am Kopf des Fjords, 8 – 2/4 cm an der Stelle, die Barbrudalen von der Bucht nach Osten zu trennt, 4 – 2 cm am Kopf jeder Bucht, 2 und 4 cm Flak in Einzel- und Doppellafette am Fjordufer und schließlich die in der Fjordmitte verankerte *Nymphe*.

Anhang 10

DAS SCHICKSAL VON »X-5« AM 22./23. SEPTEMBER 1943

Was »X-5« (Lieut Henty-Creer) wirklich zustieß, ist ungewiß, doch wurde das Boot am 22. um 08.43 Uhr für kurze Zeit aufgetaucht, etwa 600 m Steuerbord voraus von *Tirpitz*, gesichtet, die das Feuer mit 15-, 3,7- und 2-cm-Geschützen eröffnete und mehrere Treffer meldete. Das Boot tauchte; kurz danach wurden 5 Wasserbomben geworfen.
Am 12. Oktober erhielt das Oberkommando der Kriegsmarine folgenden Spruch:
i. Mit Rücksicht auf die Strömung, dicken Schlamm und die Wassertiefe mußte die Suche nach dem dritten Boot *(X-5)* aufgegeben werden. Zahlreiche Artillerietreffer, Wasserbombenteppich am Ort der letzten Beobachtung. Begrenzter Schutz des Bootes gegen Wasserbomben und ständig an die Oberfläche dringendes Öl lassen die Versenkung als sicher erscheinen.
ii. Der achtere Teil des ersten Bootes *(X-6)* wurde gehoben und längsseits des anderen Bootes *(X-7)* auf Grund gesetzt.
iii. Weitere Bergungen sind nicht beabsichtigt.
Sowohl deutsche als auch britische Dienststellen nahmen stets die Versenkung von *X-5* durch Beschuß und Wasserbomben an. Lieut Henty-Creers Familie jedoch war nicht davon überzeugt. Nach dem Kriege verbrachten seine Mutter und seine Schwester 3 Monate am Altafjord und versuchten, weitere Einzelheiten zu erfahren. Sie stießen dabei auf Kapitän Sarilla, einen erfahrenen Eismeerfahrer, der folgende Aussage machte und sie vor den örtlichen Behörden beglaubigte:

Am 23. 9. 1943, gegen 08.00 Uhr morgens, einen Tag nach dem britischen U-Bootangriff auf *Tirpitz* im Kaafjord, bemerkte ich vom Fenster meines Hauses in Bossekop aus, daß bei Bossekopberget etwas aus dem Wasser ragte. Ich hielt es für das Sehrohr eines getauchten U-Bootes und fuhr ziemlich schnell in Richtung Krakenes (das andere Fjordufer). Es herrschte ruhige, glatte See. Deutlich sah ich hinter dem Sehrohr einen Schaumstreifen im Wasser. Ich blieb stehen und beobachtete das Sehrohr bis etwa zur Mitte des Fjords, wo ich es aufgrund zunehmender Entfernung nicht mehr ausmachen konnte. Es vergingen etwa 3 bis 4 Minuten, höchstens 5, vom Sichten des Sehrohrs bei Bossekopberget, bis ich es draußen im Fjord aus den Augen verlor. Um diese Zeit befanden sich noch einige andere Personen in unserem Haus, die ebenfalls sahen, was ich berichte, an die ich mich aber nicht mehr erinnere.

Als das U-Bootsehrohr in der Nähe meines Hauses zu erkennen war, bemerkten es auch deutsche Soldaten, die in der Nähe meines Hauses arbeiteten. Sie deuteten darauf und riefen sich gegenseitig »britisches U-Boot« zu. Einige liefen zum Telefon im Depot, um wahrscheinlich ihren Vorgesetzten Meldung zu machen. Ich habe jedoch nicht beobachtet, daß die Deutschen irgend etwas zur Versenkung des U-Bootes unternahmen.

Es muß erwähnt werden, daß ich während des Weltkrieges 1914–18 beim Fischen ein getauchtes deutsches U-Boot mit ausgefahrenem Sehrohr beobachtete. Daher kann ich mit Sicherheit sagen, daß das, was sich am Morgen des 23. 9. von Bossekopberget nach Krakenes bewegte, das Sehrohr eines getauchtfahrenden U-Bootes war.

gezeichnet Mathis Aleksandersen Sarilla

Den Henty-Creers berichteten auch andere Norweger mündlich darüber. Einer erklärte, er habe am 23. gegen 11.30 Uhr vor Talvik ein Sehrohr gesichtet und der andere, er habe gegen 18.00 Uhr einen abgeflachten Gegenstand gesehen, der wie ein U-Boot aussah und in eine einsame Bucht der Stjernoyinsel einlief. Glaubt man diesen Berichten, so kann es sich bei den Sichtungen nur um das aus dem Kaafjord ablaufende *X-5* gehandelt haben, da Bossekopberget gut unterhalb der Brattholm Inseln liegt, wo *X-10* repariert hatte, das jedenfalls am 23. um 11.00 Uhr Stjernoy bereits verlassen hatte.
Obwohl es möglich ist, daß *X-5* nach dem Ausklinken der Ladungen beim Rückzug durch die Wasseroberfläche brach und angegriffen wurde, sprechen die Tatsachen doch für eine andere Lösung.
i. Ein unbeobachtetes Durchstoßen der Netze durch *X-5* hätte vor 07.12 Uhr – der ersten Sichtung von *X-6* – erfolgen müssen. Und in eineinhalb Stunden wäre *X-5* auch weiter als nur 600 Meter von der *Tirpitz* entfernt gewesen.
ii. Falls von *X-5* ausgelegt, hätten die Ladungen um 08.12 Uhr mit hochgehen müssen, doch wurde keine dritte Explosion bemerkt.
iii. Vorzugsweise hätte Lieut Henty-Creer seine Ladungen unter die Schrauben der *Tirpitz* gelegt (Angaben seiner Familie). Der angerichtete Schaden jedoch entsprach nur der Einzelladung von *X-7*.
Höchstwahrscheinlich ereignete sich etwa folgendes. Der Anlauf von *X-5* hatte sich stärker verzögert als der von *X-6* und *X-7*. Beide waren der 08.00 Uhr-Grenze bedenklich nahe, als sie die Ladungen ausklinkten. Henty-Creer mußte sich zwangsläufig auf einen Angriff nach 09.00 Uhr einrichten. Vielleicht hörte er um 07.23 Uhr die Detonationen der Handgranaten um *X-6;* mit Sicherheit jedoch hätten ihm die Explosionen um 08.12 Uhr gesagt, daß ein oder zwei Ladun-

gen ausgeklinkt worden waren. Die Wirkung von Unterwasserdetonationen ist nicht vorhersehbar, vor allem in engeren Gewässern. *X-5* könnte um 08.12 Uhr oder danach durch Wasserbomben beschädigt worden sein, die aufs Geratewohl im Fjord geworfen wurden. Die Erfahrungen der anderen Boote zeigen, daß Kompaß und Sehrohr zu den anfälligsten Ausrüstungsstücken zählten. Es kann gut sein, daß bei *X-5* beide ausgefallen waren, als das Boot um 08.43 Uhr blind die Wasseroberfläche durchbrach, um sich ein Bild von der Lage zu machen.
Sollte *X-5* Beschuß und Wasserbomben überlebt haben, dann zweifellos beschädigt. Es hätte höchstwahrscheinlich den Tag auf dem Fjordgrund verbracht, eine leichte Ölspur hinterlassend, wie die Deutschen meldeten, um Reparaturen durchzuführen und dann während der Dunkelheit zu entkommen. Das offenkundige Zeigen des Sehrohres, wie von Kapitän Sarilla am nächsten Tag beobachtet, läßt vermuten, daß die Kompasse immer noch ausgefallen waren und daß Henty-Creer gezwungen war, das Boot mit Hilfe des Sehrohrs aus dem Kaafjord zu steuern. Treffen die späteren Berichte zu, dann gelang ihm das auch. Was allerdings danach geschah, wird wohl nie geklärt werden, wenn Henty-Creer auch die Absicht geäußert haben soll, das russische Kola Inlet anzusteuern, falls er das Treffen mit einem der britischen U-Boote verpassen sollte.
(Ich bin Mr. Lawson von der Abteilung Marinegeschichte für die Übersetzung der mit der Bergung zusammenhängenden deutschen Funksprüche sowie Mrs. und Miss Henty-Creer für alle Informationen und die Übersetzung von Kapitän Sarillas Bericht zu Dank verpflichtet. Für die Analyse der Belege und die mögliche Rekonstruktion der Bewegungen von *X-5* bin ich verantwortlich.)

Anhang 11

OFFIZIERSDIENSTGRADE

Royal Navy	*Royal Air Force*	*Deutsche Marine*
Acting Sub Lieutenant	Pilot Officer	Leutnant zur See
Sub Lieutenant	Flying Officer	Oberleutnant z. S.
Lieutenant	Flight Lieutenant	Kapitänleutnant
Lieutenant Commander	Squadron Leader	Korvettenkapitän
Commander	Wing Commander	Fregattenkapitän
Captain	Group Captain	Kapitän zur See
Commodore	Air Commodore	Flottillenadmiral
Rear Admiral	Air Vice Marshal	Konteradmiral
Vice Admiral	Air Marshal	Vizeadmiral
Admiral	Air Chief Marshal	Admiral
Admiral of the Fleet	Marshal of the RAF	Großadmiral

QUELLENANGABE

The Tirpitz	J. Brennecke
The Tirpitz	D. Woodward
Sink the Tirpitz	L. Peillard
Above us the Waves	C. E. T. Warren & J. Benson
Against all Odds	W. Gallagher
The Shetland Bus	D. Howarth
The Dam Busters	P. Brickhill
The War at Sea	S. W. Roskill
The Second World War	Sir Winston Churchill

TECHNISCHE ANGABEN

Janes Fighting Ships	
Warships of World War II	Lenton & Colledge
German Warships of World War II	J. C. Taylor
British Battleships	O. Parkes
British Destroyers	E. March
Schlachtschiffe und Schlachtkreuzer	S. Breyer
K. S. Bismarck	Profile Publication

REGISTER